至誠致福

氣爆驚港都　安心福富足

廖右先、陳慶瑞　等著

經典

【證嚴上人開示】

善解聚福緣　安心福富足

無常，總在瞬息之間發生。一旦意外災害頻仍，許多眾生因此蒙受苦難，令人不捨。見驚世災難，人人應起警世覺悟，匯合力量，相互幫助，用最虔誠的心，共度難關。

（二〇一四年）七月二十三日晚間，麥德姆颱風尚未完全脫離臺灣，一架復興航空班機就從高雄飛往澎湖，在馬公機場附近不幸墜毀，四十八條寶貴生命瞬間消逝，撕裂了許多人的心。澎湖與高雄兩地慈濟人即刻投入關懷，膚慰家屬悲痛，提供各種協助，適時安撫他們的情緒。

未料，相隔八天後，七月三十一日深夜，高雄市區發生石化氣爆事件。幾聲巨響，道路便被炸成大洞，人車瞬間湮滅，造成三十餘人罹難、三百多人受傷。不少住在氣爆區域附近的慈濟人，互報平安後就立即啟動關懷——到醫院或殯儀館膚慰受難家屬，並致上往生慰問金及傷患祝福金。

來自全臺各地的慈濟人也密集投入，準備一餐又一餐的熱食，打包一批又一批的援助物資；不僅在許多定點供應茶水，更踏上破碎難行的馬路顛簸前進，只為替災區的鄉親送上熱騰騰的飯菜；政府設立了安置中心，他們也趕緊前往打掃環境，並且送去「福慧床」，讓倉皇離家的鄉親不必席地而眠。

不久，雖然有些地區恢復水電和瓦斯的供應，但是住戶對於使用瓦斯仍心有餘悸，不敢開伙煮飯，也有些人認同素食的好處，希望能茹素，因此慈濟志工持續提供素食，希望藉由此次供食的機會，多影響一些人齋戒，祈求多消弭一分災難。

氣爆後曾連日豪雨，每當風雨雷電交加時，鄉親的心就很不安——擔心又有爆炸，擔心大雨造成路面及房屋地基塌陷。如此日日提心吊膽、夜不成眠，心靈蒙上一層陰霾。

慈濟人於是啟動「安心關懷」的計畫，到家家戶戶慰問祝福，期待人人福增災消。他們走進鄰里坐坐聊聊，除了讓老人家心安，讓年輕人提起精神，也深入了解哪些家庭需要後續幫助。

第一波的「安心家訪」，志工們總共拜訪了一萬八千多戶，給予鄉親一份祝福禮，其中包括一封慰問信，還有書籍、食品等身心資糧，同時針對屋損嚴重和經濟弱勢的住戶進行援助評估，此外發現一些貧困家庭，隨即列入慈濟的長期照顧戶，即將開學而繳交註冊費有困難的學子，也給予適時的補助。

志工家訪途中，有時突然遇到傾盆大雨，來不及穿上雨衣就全身溼透，但他們還是在積水的道路上前行，儘管步步維艱，他們的腳步卻是愈走愈堅定；有時出大太陽，人人則汗流浹背，即使走到腳皮都磨破了，他們的臉上還是帶著笑容，以誠懇的心、無所求的情，勇猛地穿梭在面目全非的大街小巷裡，或爬上好幾層樓高的公寓、大樓展開關懷，只希望拜訪的每一戶人家都能獲得安心。

「苦既拔已，復為說法」。救助與安撫告一段落後，慈濟人又展開一波「安心福富足」行動，致贈鄉親屋損祝福金，以及「福富足妙音」播放器，讓他們安定生活之外，還可以天天聽法、祈禱，期待透過〈無量義經偈頌〉的誦念，讓佛法入家門，使人人心能安定下來。心安，家就平安；同時膚慰鄉親不擔心、不害怕，要「安心」，因為有福，一定能經濟穩定，「福富足」。

隨著災區環境逐漸恢復，商機好轉，受驚嚇的人心也穩定不少。慈濟長達一個月的關懷也順利圓滿，於是在八月底舉辦兩場「善解聚福緣，安心福富足」祈福會，邀請受災鄉親參與，市府及各界人士也同來為高雄打氣，祈求平安祥和。

除了許亞芬歌子戲劇坊演繹《遵佛遺教》，藉由佛法安撫民眾受創的心，慈濟各志業體也積極投入。諸如臺中慈院簡院長率同仁親手製作「福富足月餅」送到高雄；大林慈院的大醫王們則演繹「大白牛車」，以生動的神情與肢體語言，傳遞度人的力量；臺北慈院也有數位大醫王現身祈福會，虔誠祈禱。這都是愛的能量，大家心中有愛，帶動了人人的虔誠；戒慎虔誠，能讓社會更平安。

感恩慈濟志工們不論天氣炎熱或下雨，總是不辭辛勞地在街頭巷尾間奔走不息，往往只以簡便的香積飯果腹；白天辛苦付出，晚上則在靜思堂打地鋪，仍然「甘願做，歡喜受」。這就是人間菩薩的志願——哪裡有苦難，便往哪裡去；將心比心，苦眾生之苦。

人間菩薩當眾生徬徨無依、驚慌失措時，能及時出現在他們身邊，伸出雙手給予擁抱，讓他們感覺有依靠、不孤單。而當苦難人走不出悲傷時，菩薩行者就要走進去膚慰，發揮穩定人心的力量，讓受災地區早日恢復生機。

同時要感恩軍、警、消防人員盡心救災，以及許多飯店提供房間讓鄉親盥洗或暫時安身，一些量販店也免費供應物資給民眾，而各地的善心人士更是紛紛捐款或趕來災區幫忙。在此大災難中，能看到人與人之間互愛互助，展現出臺灣以「愛」以「善」為寶的精神！

災難是一種警惕，提醒大家提高警覺，正視生活中隱藏的種種危機。我們毋須怨天尤人，而是要痛定思痛，集思廣益如何重建，如何為未來創造更安全的生活環境，讓人人和樂、社會平安。

（講於二〇一四年八月一日～三十日）

【序】

無常下的覺有情　記錄一段善軌跡

盛夏深夜的高雄，一場造成三十二人往生、三百多人受傷的氣爆意外，成為臺灣史上最嚴重的一起石化氣爆事件。氣爆事故發生的原因，目前仍由檢調單位調查中，但回顧氣爆發生的歷程，與其後所造成的人心惶恐，在在說明公共安全對於人心的影響至鉅，而如何在災後有效地安撫人心、安定生活，也考驗著社會對於災難的應變能力。

從災難發生的第一天起，到往後一個月間，慈濟志工共投入四萬多人次，於重災區前鎮、苓雅進行膚慰關懷，此次臺灣慈濟動員人次之多，僅次於九二一大地震、莫拉克風災。氣爆後志工的熱食發放、祝福金發放、往生傷者關懷與祈福會等各行動，一一在本書中有詳實的記載，但回顧慈濟的急難救助史，高雄氣爆並不是慈濟第一次面對氣爆災難。

一九九五年，時稱板橋市的現今新北市板橋區，當年因中油公司瓦斯管線受到污水長期沖刷下，造成侵蝕而生鏽破裂，外洩的瓦斯起火燃燒而引發氣爆；氣爆造成爆炸點方圓五百公尺內的百餘戶房屋毀損。所幸，爆炸當時正值農曆大年初三，許多居民返鄉過年或外出旅行而不在家，除十二人受傷外，幸無造成更嚴重的傷亡狀況。

彼時，居住在板橋氣爆現場附近的慈濟志工，於第一時間主動前往里長家中了解鄰里受災的狀況，並透過電話聯絡其他志工，三個小時內，二百多位來自臺北縣、市的志工陸續投入援助工作，並依「安全」、「採購」、「香積」、「運送」及「關懷」等五個功能，進行災區周邊交通安全維護，為受災戶、救災人員煮食與送餐，及前往醫院慰訪傷者等工作。

前車之鑑，堪為後事之師。回顧板橋氣爆發生時，慈濟尚未建立完整的備災機制，又逢春節期間，市場及商店均無營業，志工在難以採買食物及鍋碗器具的情況下，遂自發性地攜來家中炊具、食物，並請里長透過廣播，呼籲里民送來自家現有的乾糧、食材等，為災民與工作人員提供熱食。

時至今日，慈濟已從歷年的援助行動中累積經驗，陸續研發出香積飯、福慧床等救災物資，同時也建立備災庫存機制。「即時性」的功能在高雄氣爆發生的當下，也很快地反映在熱食的提供上，除了第一時間由社區志工就近準備氣爆後第一日的早餐外，高雄「合心防災協調中心」的啟動，並透過花蓮「高雄氣爆總指揮中心」調度全臺物資與人力支援，也圓滿長達逾一個月的熱食提供。

物資的補給更加迅速，而人員的應變則是經年不變的「快」。賀伯風災後，慈濟志工秉持落實社區的精神推動「社區志工」，多年來一遇大小事故，透過居民通報或從媒體得知訊息之後，便迅速會合，即時提供服務，反應之快速讓慈濟志工在許多救災現場予人「走在最前」的印象。

在高雄氣爆發生前，警消出動於現場勘查時，前鎮區的慈濟志工即已開始為警消人員送水，並謹守安全原則，遠離管制區域而倖免於難；氣爆之後，附近區域的慈濟志工，雖也感受到爆炸的震動或巨響，但在組隊間互報平安後，隨即啟動關懷機制，紛紛穿上制服加入救災行列。

即時的反應依止在正確的判斷下，才能產生有效的行動。近年來，慈濟在世界各地的援助行動，藉由網路科技輔助，讓證嚴上人與本會職工雖身處臺灣花蓮，卻能透過視訊連線，即時了解援助進度，並與各地慈濟人聯繫、討論。此次高雄氣爆後，高雄與花蓮兩地每日進行視訊連線，匯報當天的進度與隔天的援助規畫；而當慈濟志工走進鄰里家訪時，也開始應用智慧型手持裝置回傳訊息，讓協調中心或總指揮中心得以立即進行資料整理、核對及造冊，增進評估效率，以讓鄉親能在最短的時間內獲得援助。

慈善是慈濟的根，上人一直期盼慈濟的救災工作要精益求精。回顧一九九七年九月，也是慈濟推動「社區志工」的隔年，高雄前鎮區鎮興橋曾發生瓦斯氣爆意外，高雄慈濟人也在第一時間迅速動員，進行關懷。之後，上人除了肯定志工的效率，更提醒不能因為活動多，而忽視對貧苦民眾的訪視工作；慈善，務必做到「直接」、「重點」，那麼就須仰賴訪視，要走入案家看見疾苦。

在高雄氣爆救災初始，上人即提醒慈濟人要給鄉親的是細緻入微的關懷，不只是安身、安生活，更重要的是安心。因此慈濟人啟動「人人慈善‧安心關懷」家訪行動，不管是受到氣爆直接波及的災區，還是間接受到影響的周遭鄰里，志工們群策群力走遍家家戶戶，敲門送愛。

上人更進一步叮囑慈濟人，在家訪過程中，不只要關懷現下受災的居民，給予即時的幫助，對於潛藏在社區中，慈濟人以往未曾發現或未接獲提報的貧病、孤老等弱勢族群，也須列入慈濟長期照顧的個案，要把握家訪的機會，將社區關懷做得更徹底。

「急難救助」與「長期照顧」向來是慈濟慈善志業的兩大工作，如何讓真正需要幫助的人，都獲得適時適切的援助，也是慈濟人持續努力的目標。

二〇一四年七月，澎湖復興航空空難、高雄石化氣爆事故接踵而至，「人在家中坐，禍從天上來」成了當下的寫照，許多受到波及的居民萬萬沒想到，自己平日的生活圈竟成為災區，而自己卻變成了災民，驚覺「原來災難離我們這麼近」。

上人常說：「不知『明天』先到，還是『無常』先到？」值此災難偏多之際，更教示大眾：「不知『下一刻』先到，還是『無常』先到？」無常意外或許比下一刻還快到來。災難是警惕，提醒大家戒慎虔誠，降低欲念，改善生活習慣，就能減少生活中隱藏的種種危機，社會才能平安無虞。

本書以逾兩百位文字真善美志工之文稿資料為基礎，經編輯群與協力文字真善美志工的深度補訪、考證後，重新編纂而成。由於此次關懷行動，面廣言深，或許未能一併應全，然氣爆將屆四個月之際，為感恩所有志工的付出，期能於二〇一四年歲末，見證時代、述成歷史。

第五篇　塵淨．福生

【附錄】

第一篇 無常・瞬間

高雄氣爆比九二一地震、莫拉克風災更讓我擔心，我最關心的是「人」，馬上就想知道「人」平安嗎？一直在追問著，你們在前面走著，師父在後面擔心。九二一地震、莫拉克風災都是天災，我們心就定在救災；這一回不同，每天都很擔憂，到底管線埋在哪裡？到底是什麼原因造成爆炸？這些問題大家都還不清楚，只知道是氣爆……

——恭錄自證嚴上人・二〇一四年八月一日~十五日開示

第一章 午夜火海

文・羅世明

立秋了！眼看著中元節就要到來，這是二〇一四年七月的最後一天，位於南臺灣的高雄，不僅未有一絲秋的涼意，更像是還停留在仲夏的酷暑中。正午時分炙熱難耐，猶如火爐罩頂，柏油路上更蒸出如真似假的水波幻影；直至日落，趕著下班回家的擁塞車潮，也讓大馬路上隨時都噴發著汽油燃燒後的滾滾熱塵。

這就是港都高雄燠熱天氣的寫照，鳥瞰這個都市，從港口所在地的小港、前鎮、苓雅區往上延伸，東西、南北向的筆直幹線，棋盤式地交錯其間，匯流成全市區的大動脈。動脈聯結的，一端是高雄人賴以就業的石化、鋼鐵、化工等重工業重鎮，也是一九七〇年代臺灣經濟起飛的發動引擎；另一端則是以熱情好客自豪的高雄人的生活空間。

在這裡，抬頭望向遠處，可見的是工廠煙囪矗立，然而低頭看不見的是輸送石化原料的管線，在管線中流動的，則是產業賴以營運的原物料。民眾安於生活，生活仰賴就業，就業難離產業，產業需要原料，這一連串的鍊結，如同交織在地底的管線，緊緊地牽動著這個城市。

危機潛伏　細微難察

七月三十一日晚間，看似一切如常的日子裡，是消防車尖銳的警笛聲劃破寧靜的夜空。任誰也料想不到，老天爺在前鎮、苓雅區內約六公里的路線上，畫下了一條看不見的生死線，每個要穿越的人，只要選錯了時間、走錯了道路，一念之間，一步之差，生死攸關。

事件發生的關鍵在晚間八點多，位於前鎮區的高雄市政府消防局瑞隆分隊，分隊長劉耀文帶著隊員們急馳而出。原來是有民眾通報在凱旋和二聖路口，一直聞到疑似瓦斯的濃厚氣味，急需前往處理。

消防車順著凱旋三路飛速北上，車頂上刺眼的警示燈，火紅地映在路邊的商家招牌上……

入夜了，凱旋路和二聖路的十字路口車流仍舊頻繁，分隊長劉耀文請隊員們先布下水霧，為路口正持續冒著白色煙霧的四個人孔蓋降溫。這時，外出購物的人家，甜蜜約會的情侶，剛剛結束工作正要返家的上班族仍穿梭其間，人們對於這群消防隊員並未投以太多注視的目光；劉耀文與隊員們正急著找出源頭，以徹底解除風險。

志工聞訊 即刻關懷

晚間九點多，在英明一路開設國術館的慈濟前鎮一和氣隊長（註一）黃坤維，也在家中接到同區組長余淑霞的電話，「聽說在凱旋路那邊有消防車，離你家比較近，是不是請你就近去關懷一下？」確實，空氣中瀰漫著一股瓦斯味已有兩小時了，黃坤維還特別詢問鄰居，大家都說有聞到。

黃坤維立刻打電話邀約同組的兩位慈濟訪視志工陳維均、周麗珍同行，隨後便和同為慈濟志工的太太王秀枝，換上制服，匆匆忙忙就往外走。

六十八歲的黃坤維，平日在社區負責各種慈濟大小事情，只要社區有發生任何急難災害的事情，承擔和氣隊長的他，就會與和氣組長余淑霞配合，在獲知的第一時間立即啟動關懷機制，前往需要急難救助的地區提供各種協助。「落實社區」的概念下，慈濟志工不是特殊情況下才動員，而是有需要就隨時出動。

黃坤維住家距離消防車所在的凱旋、二聖路口只有二百公尺左右，他們夫妻抵達時，警消人員已在外圍拉出第一管制區，在管制線外的二聖路及英明一路口，也就是小北百貨的所在地和其他兩位志工會合。

晚間九點半左右，小北百貨附近聚集許多民眾圍觀，比手畫腳、交頭接耳地討論。黃坤維也跟著朝裡面觀察一番，只見管制區內有許多警消人員噴水待命，還有許多工作人員忙進忙出，不時走動四處察看、相互交談。黃坤維詢問在現場的居民現在的狀況，但每個人的說法都不一樣，只知道可能有氣體外洩，政府相關單位還在調查外洩的氣體與來源。

黃坤維只見一群警消人員跑來跑去，忙碌異常，在不方便打擾的情況下，暫且一旁站著觀察，一站就站了近兩個鐘頭，直到晚間十一點左右時，終於忍不住詢問在管制線附近執勤的員警，「您好！我是慈濟志工，請問有什麼需要幫忙的嗎？」

「你可以進去現場問現場指揮官，看有什麼需要。」員警擺出手勢請黃坤維進入管制區，但他遲疑了一下，與員警確認後，才請身旁的陳維均和他一起進去，另外兩位女眾志工則在管制線外待命。

抱悲履危　常懷戒慎

此時，距離黃坤維七點多初次聞到瓦斯味，已經接近四個小時了，當他們越過管制線，只見兩輛消防車正在噴灑水霧，人孔蓋上的白色煙霧已幾乎看不見。他們找到了現場指揮官表明來意，想為辛苦的警消弟兄們準備些什麼，指揮官露出笑容說：「我們什麼都不缺，只缺喝的水！因為出門倉促，沒來得及帶開水，隊員們都渴了。」

黃坤維應允，初步估算了一下，現場大約有六、七十人，他馬上回頭去找志工，接著到二十四小時營業的小北百貨採購了四箱礦泉水，再度走入管制區幫忙遞水慰勞警消等工作人員。送水時，黃坤維巧遇前竹東里里長陳進發，現任里長是他太太，他也在那裡送水給大家，同時關懷警消人員。

看見熱心公益的陳里長也在，黃坤維心裡輕鬆不少，每年農曆七月，慈濟志工都會舉辦祈福會，闡明「七月吉祥月」（註二）的意義，黃坤維常常都會聯絡里長、邀約鄉親來參與，而陳進發伉儷總是大力支持。黃坤維發完水之後，向指揮官表示仍會在附近的小北百貨待命，如果有任何需要，請用無線電通知管制線外的警員，招呼他們再回來服務。眼看陳里長還在跟警消人員交談，也就沒有多作停留，隨即轉身離開。

禍福瞬間 猝不及防

黃坤維萬萬沒有想到，這一個轉身，正與死神擦肩而過！晚間十一點五十九分，黃坤維才剛剛走回小北百貨，第一聲巨響就從身後傳來，二聖路及凱旋路口地面突然爆開，緊接著一心、三多等道路亦隨之發生連環爆炸，全區瞬時停電，陷入一片漆黑，只剩凶猛的火舌烈焰直轟上天，火光伴隨著連串的爆炸聲，照亮了半個高雄市區的夜空，暗夜的市區彷彿是遭砲火轟炸的戰場，市井的喧囂被刺耳的警笛聲、轟轟的烈焰聲所取代。

消防車在剎那間翻騰傾倒，墜入巨長的爆炸坑洞裡，凱旋二、三路的下水道成了三、四公尺深的坑道，二十多名消防、義消人員首當其衝，傷亡慘重，執勤的劉耀文分隊長和一旁的消防局主秘林基澤瞬間從視野中消失，還留在現場的陳里長也不知所蹤。

回過神來，黃坤維想起剛才那驚心動魄的一幕，彷彿歷劫歸來一般。爆炸發生時，他還正與妻子王秀枝整理剩下的半箱礦泉水，一個彎腰取水的動作，瞬間被一股氣爆的力量推壓，讓他跌撲在礦泉水上，當下他們急忙飛奔進小北百貨，腳剛踏入的那一剎那，第二聲更加駭人的巨大氣爆聲響起，天搖地動，恐怖無以復加，如臨戰場的氛圍，嚇得裡面的店員淒厲尖叫。

漫漫暗夜，原來危機早已釀開，就在他們等待的這段時間裡，液體的丙烯已溢出成為大量氣體，積聚在下水道等低窪處，隨著時間一分一秒地過去，悄無聲息地沿著下水道擴散開來，愈來愈多的人孔蓋、水溝蓋冒出白色煙霧，就待一個觸發……

大爆炸後，黃坤維的手機無法打通任何電話，社區的慈濟幹部、家中的兒女，一一斷了通信，好一會兒終於打通女兒的手機。在小北百貨待了大約二十分鐘後，大家才敢慢慢探頭走出來，從二聖路往凱旋路方向望去，整個路口一片火海，照紅了半邊天。

轉瞬間，恍如隔世，驚魂甫定的黃坤維回到家裡，女兒激動地不斷哭泣。一對兒女為了尋找他們，氣爆後就著急地沿著氣爆區域尋找，聽到有人告知看到幾位慈濟人往管制區走去，女兒更是緊張得全身發抖；多位鄰居及住在凱旋路上不敢留在家中的慈濟志工，也聚集到他的家中，彼此互相安撫情緒。

窗外火光烈焰仍在，夜愈來愈深，街坊鄰居慢慢散去，黃坤維收拾驚慌心情，再換上另一套藍天白雲，準備投入救災工作……

【氣爆範圍及管制區域】

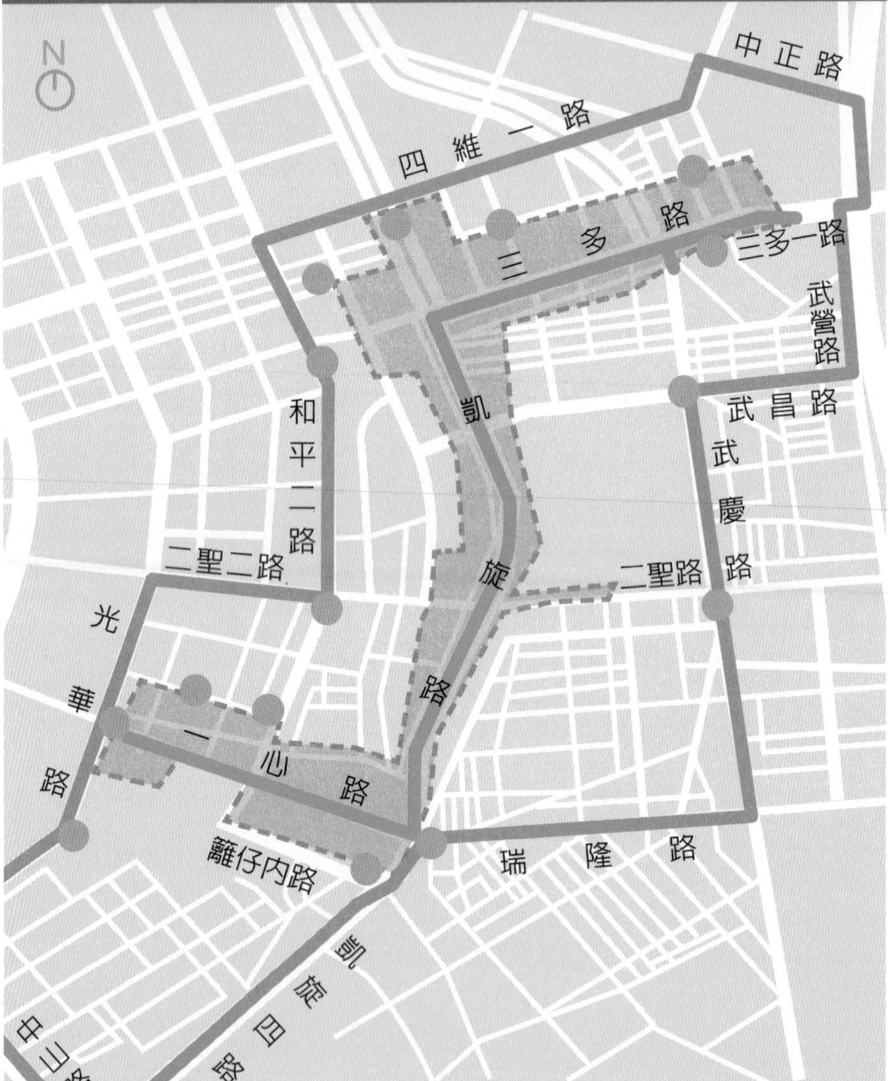

政府建議改道範圍　氣爆受損路段　外圍交通管制點

禁止進入範圍（均配置員警管制）

【註釋】

一、慈濟志工組織架構，慈濟委員為「組」，慈誠隊員為「隊」，各以合心、和氣、互愛、協力為名稱實施分組，增加組隊共同籌畫、彼此配合的機會，以期「人人有事做、事事有人做」。

二、佛教視農曆七月為歡喜月、吉祥月、報恩月，是以慈濟基金會每逢農曆七月推動「七月吉祥月」活動，宣導齋戒、護生、不燒紙錢等。

人生無常總是在瞬間發生，警消人員平常默默地付出，而當社會有危急時，他們總是跑在第一線，現在遇到災難，實在令人不捨，但他們為人群付出的志向毫無改變；他們當中有人往生、重度燒傷，親屬家人雖然不捨，但沒有埋怨，還是支持，感到與有榮焉。面對天人永別，能抱持這樣的心態，實在是很難得。

——恭錄自證嚴上人・二〇一四年八月四日～二十八日開示

第二章

義勇警消

文・羅克洲、李素月

「凱旋、二聖路口冒白煙?有不明氣體的異味?」寧靜的夜晚,八點五十四分,高雄市消防局瑞隆分隊辦公室電話再度響起,小隊長吳俊瑩內心起了疑惑:「劉耀文不是才剛帶著三輛消防車前往,怎麼不到五分鐘,一一九指揮中心又請求支援?」

放下電話,他馬上帶著弟兄整裝出動,很快來到離分隊不過七百公尺的報案現場,成功、苓雅分隊的弟兄也都來了。只見人孔蓋飄起渺渺白煙,捷運輕軌工地涵洞的白煙則超過兩公尺高,消防員已經把水線拉好,手持瞄子(水槍)朝冒煙的涵洞、人孔蓋噴水霧,稀釋空氣中不明氣體的濃度以防爆炸。

步步為營　嚴密監控

與此同時，消防局長陳虹龍、專門委員陳天來、主秘林基澤也在接到通報後，匆忙抵達現場。「奇怪！怎麼會這樣？我在消防局待了一、二十年，從來沒有遇過這種情形。」在消防局多半從事研究、協調與統籌任務的陳天來很感納悶：「怎麼會冒白煙呢？瓦斯濃度要夠高才會冒白煙，若真是這樣，那還得了？」

「要趕快查，不然麻煩就大了！」與陳天來有相同疑慮的林基澤，火場資歷豐富，二〇〇〇年曾獲選為全國消防楷模，由於經常親自上火線，深切了解遇上「瓦斯災變」是消防的最大禁忌。

約莫一個多小時後，涵洞的煙仍然很濃，「沒有什麼氣味！」吳俊瑩冒險聞了一聞，「這會是什麼呢？」他覺得這不是短時間可以解決的事，於是吩咐隊員將瞄子架好，採取固定式瞄子持續噴水，但多條水帶同時噴水，水壓不穩，有時噴不到目標，身為幹部的劉耀文、吳俊瑩、黃國棟等人就分區巡視監控水量，其他人員則暫時退在一旁待命。

消防隊一面噴水霧防護，一面聯繫相關單位：「趕快了解洩漏的氣體是什麼？是中油、瓦斯公司，還是……？」工務局派員來檢查過，捷運局方面則澄清：「我們已停工好幾個月了。」中油、瓦斯公司也都否認有氣體洩漏的異常跡象，但答應派人前來會勘。時間一分一秒地過去，經過幾個單位鑑識後，卻一直沒有結果，只好等環保署毒災應變中心帶精密儀器來做採樣分析。

幾乎同一時間，在瑞隆路、崗山西街等好幾個地點，接連都有人報案：「這裡有異味，有氣爆，你們要趕快來。」消防局只要接到報案就前往處理，全面拉高應變規格，嚴陣以待，從全市各分隊派出了二十八輛各式消防車輛，七十八名消防人員到各個發現異狀的地點警戒。

寂靜的夏夜裡，二聖、凱旋路口方圓五、六百公尺內，布滿閃爍的紅光。各報社記者紛紛湧到，消防局長陳虹龍在就地成立的臨時指揮站召開記者會說明：「有不明氣體外洩，目前仍在查證，正由消防人員實施警戒中，為防意外發生，呼籲大家盡速離開。」說明結束，記者陸續離去。而為了安全，警方已於一心、二聖及凱旋路等相關路口，管制人車通行。

隨著時間不斷地流逝，打火兄弟對這奇怪的氣體一籌莫展，只能不斷地對白煙噴水，每個人的臉上除了疲憊，也顯露出凝重、焦急的神情，他們擔心，這些洩漏的氣體總量有多少？是否已經擴散？擴散的情況又是如何？如果發生不可預期的狀況……

阿彌陀佛，老天保佑，千萬不要出事！——大夥兒懇切的祈求，是現場最殷切的期望。

災禍突起　英雄殞落

近午夜，凱旋、二聖路口的嚴格交通管制，在蒼茫的夜色中，透顯著不安；不安的氛圍，隱隱浮動，如南臺灣七月的夏夜，燠熱中夾雜著幾分蠢動，令人悚然。

整夜勘查後，尚不能確定是何氣體？於是陳虹龍、陳天來、林基澤及劉耀文等消防高階警官就地討論著，突然間，「砰！砰！——」轟天般的巨響，令在場每個人本能地往不同的方向散開，再聚集時，卻看不到林基澤、劉耀文兩人的蹤影。

劇烈的搖晃後，路面被震破了，彈起了水溝蓋、人孔蓋，震裂後的柏油石塊、鋼筋水泥塊，也宛如保麗龍般被轟上天，又重重地摔落下來。吳俊瑩看到莊政潔被水泥塊壓個正著，死命地與三、四個夥伴想將水泥塊移開，但無論使盡多大的力氣，水泥塊卻紋風不動，看著年輕的生命就在自己的眼前消逝，淚水不聽使喚地便從眼眶簌簌而出。

接著又是一聲巨響，在驚駭中，有人大喊：「跑啊！快跑啊！」一群人本能地往二聖路方向撤退。電停了，黑夜中人人各自逃命，逃到哪，人孔蓋就爆到哪，大家被爆炸聲追著跑。「砰！砰！砰！——」接連的爆炸聲震得人心惶惶，驚慌中只能互相提醒：「別靠近人孔！別靠近人孔！」沒多久，又一陣天搖地動，「轟隆！轟隆！」劃破天際的巨響不知從何處傳來，火光四起，煙硝瀰漫，宛如戰場，高雄市好似就在今夜要被毀滅。

跟著跑了一小段路，吳俊瑩突然停了下來，環視周遭，一片死寂，好像所有的人都消失不見了，他不斷地自問：「怎麼會這樣？怎麼會發生這種事？」短暫沉思後，吳俊瑩回到指揮站附近，發現自己開過來的消防車還在，正想過去把它開走，這時趕回來的陳虹龍局長擔心會再有意外，阻止他接近車輛。「開，不開？」他內心陷入交戰，眼看熊熊的大火就要吞噬那輛身價高達四百萬（新臺幣）的消防車……終究為了避免造成更大的傷害，吳俊瑩只能讓大火繼續將洩漏的氣體燃燒殆盡，眼睜睜地看著不能撲滅的火焰，心中的焦急百轉千迴，最後在熱輻射一千多度的高溫下，消防車燃燒解體，他又失去了另一個「戰友」。

處處危機　救人第一

「有人受傷了！有人受傷了！」聽到急切的呼叫聲，吳俊瑩望著才剛與死神擦身而過的兩位弟兄，驚恐的心尚未平復，他不忍地問：「你們還可以一起去救嗎？」那兩位弟兄馬上回答：「只剩我們三個，救人是我們的責任，哪能不去？」他們身邊什麼器材裝備都沒有，只想到救人，沒考慮到自己的安全。三人六手，徒手搶救出來的傷者，沒東西包紮，只能請傷者自己壓住血流如注的傷口。救護車無法開近，半拉半扶地將傷患攙扶到消防指揮用的小貨車上，緊急送往醫院。

氣爆把整條路面炸成深溝，強烈的爆炸威力，使得重達二十公噸的消防車，隨著路面隆起、坍塌而翻倒，原本是勤務待命中而被臨時徵召來的王中，此刻不幸被壓在車子底下，消防車另一邊的三位隨車弟兄也都被炸傷。明年即將屆齡退休的王中，痛得聲嘶力竭地喊著：「救我……救我……救救我……趕快把我拉出去！」吳俊瑩趕忙找人過來，一方面將受傷的隨車弟兄送往醫院，另一方面，呼喊著大夥兒趕緊使力移動消防車將王中拉出來。十七年前，前鎮的鎮興橋氣爆事件，吳俊瑩與王中也曾共在現場，當時兩人都幸運地逃過一劫；十七年後，就在這一天的出勤前，王中在電話中允諾妻子：「明天，我帶你們出去玩……」終於，弟兄們使出全力，救出王中，但送到大東醫院時，王中已無生命跡象，那句承諾，在這月夜裡隨風而去，永遠無法實現。

「砰！」隨著一聲巨爆，橘紅色的火焰球瞬間拋上半空中，水溝的排氣孔一個個冒出青綠色的火焰，火舌甚至竄升兩層樓高，路人嚇得沒命地奔跑，消防弟兄卻奮勇搶救傷患。一陣忙亂後，卻看不到消防小隊長黃國棟的身影，無線電不停發出聲音：「黃小，黃小，請回話！」也聽不到他的回應。直到凌晨三點，天色暗而未明，隊員們發現黃國棟動也不動地躺在路旁，被石塊重擊的頭部，骨裂血流。

大勇無懼　見證無常

火光撕裂了街道，打火英雄奮不顧身救人，這一景一幕都攝入慈濟志工顏東亮的鏡頭裡……

身為慈濟人文真善美志工的顏東亮，平時負責社區錄影紀錄，前鎮區氣爆發生時，他趕緊到自家頂樓察看，「是爆炸！怎會這樣？」他馬上下樓抓起錄影機，顧不得還沒換上慈濟制服，只跟家人丟下一句：「我去看看！」就衝往住家附近的一心路氣爆現場。

氣爆現場宛如滿目瘡痍的戰場，溝裡的火還在竄燒，機車被炸得東倒西歪躺在路上，救難弟兄忙進忙出，眼前悽慘的景象，不忍卒睹，顏東亮萬萬沒想到一場爆炸，讓熟悉的家園全變了樣。

淚眼模糊了視線，即便心中盡是哀慟和不捨，顏東亮仍努力將晃動的鏡頭穩住，以高倍率的視角，對向那火光中的警消人員。回到家中，倒轉影片，又看見那一個個勇而無懼的身影，甚至是罹難消防隊員最後的身影，一陣鼻酸，熱眼又起。鏡頭記錄下這一夜的無常，也記錄下人性光輝。

凌晨三點未到，國軍弟兄陸續抵達現場，大批的青壯人力，高效率的迅速編組，讓早已累癱的消防、救難人員獲得輪流休息的機會；隨後，外縣市臺南、屏東的警消人員也都趕來協助，加入搜救行列。

天色漸亮，氣爆災區猶如經歷戰爭之後，狼藉遍野，深度、寬度超過三、四公尺貫穿道路的氣爆壕溝，以及因爆震而隆起、迸裂而支離破碎的路面，擠壓變形、四輪朝天的車體摻插其中，還有許多動彈不得的傷者，以及了無生命跡象的大體，數公里內一片混亂。

在醫院裡，我們要有規矩，以不打擾病人醫療的權益下，在旁邊陪伴。進醫院前，最重要的是尊重，先和每一家醫院打招呼，動之以情，表達我們或許能發揮一點點能量，幫忙安撫家屬的心。另外，為往生者助念也很重要，臺灣人的習俗，助念能安家屬的心，讓亡者靈安、生者心安，要用謙虛的態度來表示尊敬。

——恭錄自證嚴上人・二〇一四年八月一日～二日開示

暗夜明燈

文・莊雅晴、謝華美

淙淙流水聲從旅館旁幽暗處傳來，約四米五高的岩石牆面上，水流像簾幕般隨順而下，幾簇枯木與水生植物，分布在長形的水池裡，池中紅色、藍色、綠色的燈光交錯掩映，構成一幅南洋的峇厘島風情。

座落在高雄市前鎮區一心路上的「美麗四季」精品旅館，幾位員工與值夜主管邱俊傑都感覺到旅館外似乎有些騷動，「是發生車禍嗎？」在場的人覺得疑惑。不一會兒，旅館內外突然陷入一片漆黑；一秒鐘後，發電機自動切換，燈，又亮了起來。

「砰！砰！砰！砰──」連續四次爆炸聲後，員工趕緊跑出去查探究竟，董事長紀玉蓮也快步走出大門，只見停車場出現了火球，距離不到五十公尺的一心路上，柏油路面已被炸開，大火熊熊燃燒著……

紀玉蓮趕緊跑回旅館內，耳後傳來淒厲的哭喊聲與叫聲，伴著奔跑不斷地靠近，「救命啊！救命啊！水！我要水！」聽到民眾的喊叫，旅館員工立即指引他們至噴水池邊，有些人將臉泡進水池，更有些人直接「咚！」地跳進水裡浸泡。

紀玉蓮吩咐員工趕快打電話請救護車過來，但電話的那頭不是打不通，就是告知救護車都出去了還沒回來。邱俊傑則請同事即刻通知房客都到一樓大廳集合，了解大家是否平安。

跳進噴水池的七、八名傷患陸續起身，由紅轉黑的皮膚很快地有了變化，表皮破掉的水泡，幾乎將皮膚都掀翻開來。紀玉蓮請員工趕緊拿來乾淨的大毛巾，一一披在傷者身上，再請邱俊傑開著廂型車載他們去就醫。

「不好意思，可以先載我到長庚醫院嗎？」一位房客心急地央求著，因為他接到通知，父母、姊妹也受到氣爆波及，被送往長庚醫院。紀玉蓮滿口應允，「好的，我們先送這一批傷患就醫後，下一趟就載您過去。」

旅館外一片黑暗，館內雖燈火通明，但在大廳裡的人卻異常忙碌，有的房客急著找親人，有的房客驚慌失措要退房……

「喂！趕快來救我們，我們在光華路……」一群來自港澳的房客收到了在外逛街卻遇氣爆的家人求救電話，心急如焚地把電話轉給紀玉蓮；不知道外面災況如何的紀玉蓮，只能在電話中指引對方先到一心派出所，再請邱俊傑至派出所接人。在外受困的人彷彿驚弓之鳥，歷劫歸來後，一家人盡情擁抱，哭成一團。紀玉蓮一夜的緊張，終於在此刻稍稍舒緩。

這一夜，邱俊傑將受傷民眾陸續送往醫院，也將房客一一移轉到外區旅館。六點半天亮了，發電機油料耗盡，淙淙的流水聲也不知何時變成滴滴答答……這一夜，紀玉蓮沒有用任何一句命令，但主管與員工一個都沒離開，主動照顧傷者、安撫房客……紀玉蓮很感恩旅館沒有受到損害，房客也都平安疏散，她心裡閃過一個想法：「如果我可以來提供房間，讓重災區的鄉親免費入住，這樣也可以讓員工的工作不受影響。」

平日演練　遇災不亂

同樣是這一夜，小北百貨如往常一樣，照常二十四小時營業，小夜班和大夜班的店員，正在櫃檯旁交接班。突然外頭一陣灰煙噴發，「轟隆！」一聲巨響，天外般飛來的粉塵和石塊，瞬間砸碎了玻璃和門窗，巨大的力道將一名小孩轟到店門口，他顧不得受傷的右腳與門口滿地飛散的貨物，跛著腿一拐一拐地進店裡向店員求救；另一名小孩躺在騎樓，他的媽媽頭部血流不止，也躺在一旁等待救援。

「有沒有怎麼樣？」店員關心地問著。在小北百貨主任的催促下，趕緊讓店員前去幫忙。女店員抱起躺在騎樓的小孩，其他員工奮力搬開貨物，協助將小孩的媽媽救出，她頭部重傷，稍微移動就痛苦萬分。

店員詢問得知小孩爸爸的電話號碼，去電說：「這裡是三多一路與福德路口的小北百貨，你的太太和小孩都受傷了，你趕快過來……」

接到電話的爸爸焦急萬分地趕來，他請店員先暫時照顧兩個兒子，他趕快陪同妻子到醫院治療。

「這裡還有人受傷……」主任聽到店外有人喊叫，顧不得可能再發生氣爆的危險，跑出去與路人們合力再將一名受重傷的長髮女子抬回店內，即便大家試圖搶救她的生命，但傷勢過重的她仍回天乏術。

小北百貨每月固定有消防演練，當氣爆發生時，員工都能臨危不亂，以互助的精神，展現人性的溫暖。當夜，周圍街道停水、停電，在茫茫黑夜中，整條三多一路更顯得混亂，小北百貨卻成了指引附近居民到安全處所的一盞明燈。

為了盡快撤離到安全的處所，住在凱旋路上的孫文清跟著家人先逃到英明國中操場，接著又在救難人員引導下，跟著上百位民眾遷至五權國小。在五權國小，他看到慈濟志工早已在場守候，以前常在電視中看到他們救災賑災的身影，沒想到氣爆發生後的兩個多小時，他們就出現了。

學校的走廊、穿堂上聚集著驚魂未定的民眾，有人低頭不語，有人掩面低泣。黑暗中，孫文清看到身穿藍衣白褲的志工又是遞水、又是輕聲關懷，還有人抱著受驚嚇的老人家。他既驚訝也納悶：「這個時候大家都往外逃，怎麼會有人還往裡面衝？」

潘玉霞在九點多就聞到刺鼻的瓦斯味，心中一直很不安，也無法入眠，直至聽到爆炸聲，緊接著大停電，她心想，「事情不妙了！」又聽到有人大喊：「快逃！快逃，要不然會沒命喔！」她與兒子在一片漆黑中，慌張地跟著人群往學校逃，途中就看到慈濟志工出現了，匆匆的一瞥，卻讓她印象深刻，因為看到慈濟志工，讓她感到安心不少。

不顧己災　法親關懷

這一晚，開貨櫃車為業的葉敬年很早就睡覺了，住在距離三多路不到二十公尺的他被爆炸聲驚醒，聽到滿街汽車防盜器都在響，便在半夜兩點多走到三多路，眼見如噩夢中的情景，讓他驚覺災情之慘重，當下馬上打電話「報平安」。

「師兄，嚇死人了！我們這裡就像地獄一樣，你們那裡有怎麼樣嗎？」一句急問，貼緊話筒的耳朵希望趕快聽到熟悉的聲音。

半夜的電話聲，格外鬧耳。慈濟苓雅喜捨和氣副隊長徐柏勝聽著葉敬年敍述災情，愈聽愈是心急如焚，但奈何家裡停電，電動門無法開啟，一夜的坐困愁城後，天終於亮了，徐柏勝趕到葉敬年家，看見葉媽媽被氣爆嚇得說不出話來，整夜坐立難安，徐柏勝安慰她：「人平安就好！平安就是福！」天一亮就見到法親慈濟人前來關懷，葉敬年直說：「慈濟人真好，師兄師姊真的就像一家人。」

葉敬年的家受到氣爆衝擊，落地窗全破，屋頂破了一個大洞，連車子也因柏油路面爆裂而砸爛，即使成了「受災戶」，但他仍選擇向公司請假，投入志工行列，他心想：「一時之間也沒辦法馬上修房子，就利用這個時間來做慈濟，幫助受災的鄰居。」葉敬年以實際行動關懷左鄰右舍，期望讓同是受災戶的鄰居們，都能感受到慈濟志工真誠的關懷。

勘災救災　安全為要

晚上十二點多，慈濟前鎮二和氣組長張玉環的手機響個不停，都是志工打來報告各地災情。「我們不是第一線救難人員，千萬要沉住氣，不要亂跑，等情況較穩定再出去勘災，安全第一！」急切中，張玉環加重了叮嚀的語氣。

以往接到勤務便換上制服衝出門的人文真善美志工莊慧貞，這次卻被先生攔了下來，「妳不能出去！」她愣住了！多年來一直支持她的先生，此刻卻張開雙手擋在門口，這是第一次，先生不希望她出門。人文紀錄的志工有著新聞的直覺，總覺得狀況不對，慈濟人只要動員了，就要開始記錄，才不會錯過每個關懷的歷程……

空氣中瀰漫著刺鼻味，站在住家後陽臺就能看到火海的張玉環，持續透過電話安撫志工，「大家先安下心，等災情穩定後再出去勘災，要聽話喔！」叮嚀中也一一確認志工們的現況是否安全，張玉環一夜輾轉難眠，思忖著下一步如何進行。

清晨四點多，莊慧貞的先生終於答應「放行」，經過一整晚的如坐針氈後，她拿起相機，記著先生的叮嚀走向災區。約在此時，張玉環也出門了，在微亮的幽光中，買了數份菜包與豆漿，走經騎樓，看到五位年輕的消防弟兄，臉上盡是疲憊，「你們從昨晚忙到現在，一定要補充體力。」張玉環遞上早餐。

「師姊，那邊有一輛車掉到下面，裡面還有很多人沒被救出來。」一身厚重的消防裝備壓制不住顫抖的聲音，張玉環順著他手指的方向望去，幾個受了重傷的消防員正等待救援，頓時她的心揪成一團，除了安撫他們外，也趕緊拿起手機，與慈濟高雄分會協調中心聯絡，準備後續的行動。

如何膚慰鄉親，是我們要努力的方向，有膚慰能量的志工要出來；我們盡心力去付出，顧好人人平安健康，這是我最大期待。佛法、誠與情都要用上，傷者家屬要輪流陪伴，說話要拿捏得宜，多用心，好讓人心平穩下來。

——恭錄自證嚴上人・二〇一四年八月一日開示

第四章
黎明之前

文・蔡素秋、薛燕春

「完了，是爆發戰爭嗎？」劉丹莉不敢往下想，趕忙往樓下衝。住在三多路巷子裡的她，摸黑前行，一路跌跌撞撞地跑到三多路與福西街口，一看，視線所及的三多路已被炸開了，一切來得突然，沒有人知道這場災難的範圍有多大，不知情的車子依然往三多路的方向駛去，顯然不知前方已發生氣爆。

著急的劉丹莉一時忘了害怕，她對身旁圍觀的鄰居說：「現在我們要互助幫忙，一起引導車子往安全的地方。」於是她和五、六個大男人，站在路口指揮交通，一方面阻止車輛前往危險的災區，一方面也讓救護車可以順暢地載送傷患。

救護車、消防車一部部呼嘯而過，大家還不知道發生什麼事，只知道前面發生爆炸，三多路上好奇圍觀的民眾加上逃難的居民，人潮愈集愈多，馬路上還有幾處火勢仍猛烈地燃燒著，「是瓦斯爆炸嗎？前面路口好像有人往生了……」大家議論紛紛。

「師姊！妳比較有公信力，妳去告訴大家快走！」左右鄰居都知道劉丹莉是慈濟志工，聽到這句話，身穿灰色志工服的她，二話不說跑到馬路對著群眾大喊：「大家快走，這裡好危險，不知道會不會再爆炸，快！快快離開！」

第一時間　撫慰傷患

「法親呢？平安嗎？」劉丹莉一戶一戶確知大家都平安後，回家換上藍天白雲制服，趕往國軍高雄總醫院（八〇二醫院），同時也向組隊長報告災區的情形。

凌晨零點三十分，國軍高雄總醫院急診室已是滿滿等待急救的人，陸陸續續還有傷患不斷送來，等不到救護車的傷者，則由熱心民眾開自用車載來。醫生、護理人員忙成一團，為了不影響急救，劉丹莉和林耀祺、李惠美三人就在急診室外的走廊區，陪伴焦急等待的家屬。

「阿伯！您兒子張明煌受傷了，現在在八〇二醫院，您趕快來！」

「你是詐騙集團，我才不相信，賣擱騙啦！（臺語：別再騙的意思）」

「我沒有騙您，是真的啦！」張明煌的同事透過電話，不斷地向張爸爸解釋，偏偏老人家就是不相信。他愈說心愈急，老人家則愈聽愈覺得可疑──兒子明明就在派出所上班，怎會在醫院呢？

「讓我來試試吧！」一旁的劉丹莉見狀，接過電話：「阿伯！我是慈濟的志工，我不會騙您，您現在打開電視看看，高雄發生很嚴重的氣爆，您兒子受傷了！」費了好一番力氣解釋，老人家相信慈濟志工不會騙人，這才急急忙忙趕去醫院。

「師姊，我好痛……」張明煌的臉被火燻黑，頭髮也燒焦捲曲，全身傷痕累累的他，發出微弱顫抖的聲音，卸下前鎮分局一心路派出所巡佐的身分，他也是人子、人父，在除暴安良的職責外，警察也是血肉之軀。

不捨張明煌的痛楚，劉丹莉緩緩地說，「我知道你一定很痛，如果你沒有其他信仰，跟著我念阿彌陀佛，轉移疼痛的感覺，可以祝福自己，也祝福你的學妹。」

七月三十一日深夜，張明煌和兩位學妹到凱旋路，就在指揮安全維護時，一瞬間的天崩地裂，三人同時被轟到兩米高的空中，又重重摔落到坑洞裡，他奮力爬出火坑，勉強拉出一位學妹，因此造成了手部骨折，手、腳、臉部全身有百分之三十的二度灼傷，當他被送到醫院時，燒燙傷的疼痛，使水裡來火裡去的剛毅男人也承受不了，強忍住了淚水，但卻按捺不了因傷口痛楚的呻吟。

在急診室裡，有人急著尋找受傷的家人；醫護人員忙著急救一批批的傷患；傷者在病床上仍不停地滑手機急著聯絡家人。突然增加大量傷患，醫院人手嚴重不足。不用特別動員，慈濟苓雅喜捨和氣志工半夜兩點、三點到黎明，陸續有五、六十位志工來到醫院，安撫家屬、膚慰傷患、幫忙領藥、協助辦理住院，讓醫護人員能夠專心搶救傷患。

連夜煮食　拂曉送餐

半夜三點，慈濟志工趙太叢的家湧入多位慈濟人，因為他家有多口大鍋、大灶，便成為志工們烹煮熱食的首選地。

一到趙家，有的人開始洗鍋、淘米；有的人洗菜、切菜；有的人則到鳳農果菜批發市場採買食材。每個人都捨不得停下來休息，就連喝一口水的時間都沒有，大家快手快腳地通力合作準備熱粥。

黃淑貞帶來從家中冰箱搜刮出的食材，也和大家一起動手料理。她先前已聯絡香積（註）窗口潘秀梅和志工謝月梅、趙麗惠等人，原來這些平日投入香積的志工們得知氣爆發生後，都一心想著為救災人員及受災鄉親做早餐。

五點多，在趙家的臨時廚房完成兩百多個人份量的熱粥。隨後，大夥兒快速地把粥品分裝打包好，分送到鄰近政府安置的收容所。

為了讓熱食的發送更快、更廣，關心到每一位付出的警義消，慈濟前鎮二和氣組張玉環與葉明雄兩人除了送水之外，清晨六點，召集組內志工，分成兩組各帶二十份早餐，送到瑞隆路與一心路口，及二聖路與凱旋路口給警消人員。

慈濟志工奉上早餐，也奉上感恩與愛，為徹夜守在第一線的救災英雄加油打氣。

漫長的一夜，天終於濛濛亮了。

「到院前死亡。」救護車人員簡單說完這句話，隨即將往生者的大體交給醫護人員，等待身分確認後，大體送往醫院旁的靈堂。從急診室走廊到靈堂，慈濟志工恭敬站立兩旁，雙手合十唱誦佛號，一路陪伴。

志工手上捧著的早餐，已經無法為罹難者獻上，有時送進來的大體都有嚴重的外傷，滿身血跡沾滿了泥巴。助念時偶爾傳出志工不忍的啜泣聲，大家互勉要轉哀傷為聲聲祝禱，希望往者靈安，生者也得到慰藉。

守在醫院的志工將菜包塞進家屬的手裡，明知他們吃不下，志工插上吸管將豆漿推向家屬：「你至少喝點豆漿，往後還有很多事需要處理，千萬要保重身體，吃一點好不好？」家屬含著淚水，勉強喝了幾口豆漿。

面對突來的意外，家屬都無法接受，好好的一個人，為什麼突然變成一具冰冷的大體。

家屬悲愴　同理膚慰

突來的意外，讓慈濟志工意識到這時可以為家屬做些什麼。在外地上夜班的李琇釧，氣爆發生後，身為慈濟訪視幹事的她，馬上請假，急忙趕到國軍高雄總醫院，靜靜地陪在家屬身旁，當他們的依靠。多年的訪視經驗，及剛陪伴過復興航空澎湖空難的家屬，李琇釧知道，此刻任何言語，都不能平復家屬失去至親的痛，只有真心的陪伴，才能讓家屬安心。

急診室裡，醫護人員為「他」褪下燒得焦灰破爛的消防衣，李琇釧和醫護人員在消防衣褲、鞋子、帽子裡翻了又翻，口袋裡找了又找，就是找不到一張證件。

一組消防人員來到大體旁，看了那張像被毀容的破碎容顏好久，「好像是，又好像不是？」他們搖搖頭，認不出「他」是誰。另一組也正心急尋找同袍的消防隊員，見到了「他」，「啊！好像是小隊長！」另一位消防隊員趕緊追認：「應該是黃國棟！」霎時，幾個大男人掩面痛哭，醫護人員請他們再次確認，「沒錯，是黃國棟！」

殉職的苓雅消防分隊小隊長黃國棟，清晨四點多被送到醫院時，已經無法辨識，在苓雅分隊服務的同事卻一直找不到黃國棟的識別牌，原來這天黃國棟沒有排班，他是為人代班。全身被灼傷，滿是石頭砸的傷口，為了怕感染，黃國棟的大體裝入屍袋後馬上送到靈堂，在家屬還沒趕到以前，李琇釧、張麗仙、林淑真坐上救護車，陪伴他到靈堂，三位志工靜默不語，只有一聲聲的佛號聲。

不知是悲傷過度，還是不願接受，黃國棟的太太坐在靈堂外，神情呆滯沒有流下一滴眼淚。李琇釧輕輕地拍著黃太太的肩，讓她靠在身上，黃太太喃喃地說：「師姊！妳知道嗎？我很幸福！他真的對我很好，妳知道嗎？」

李琇釧緊握黃太太的手，抱著她：「我知道！我都知道！妳要讓他安心地走。」淚水終於潰堤，黃太太哭倒在李琇釧的懷裡，宣洩的情緒，哭了又停，停了又哭，黃太太倏地站起，走向停放大體的地方：「黃國棟！你起來！跟我說說話，起來啊！起來啊！」幾近尖叫的哭泣痛徹心扉。

李琇釧扶起癱軟在地的黃太太，將她抱得更緊，做訪視工作已經十幾年，看過多少的生離死別，還是不禁流下淚水。直到天亮，法醫將驗DNA確認身分，李琇釧仍陪伴在黃太太的身邊。

【註釋】

「香積」一詞，出自《維摩詰經》〈香積佛品〉，經文中提及香積佛國，此佛土的天人以香飯供養佛及菩薩，後人遂引「香積」之名，與炊煮飲食相關聯。慈濟亦尊稱炊煮餐食者為香積志工。

上圖：氣爆後，昔日繁華的街道，在一夕之間成了災區，停在路邊的車輛也被炸翻，毀損的招牌與屋簷棚架布滿街頭。（攝影／莊慧貞）

左圖：五百多名國軍弟兄搶進爆炸現場，從黑夜一直找到天亮，把握黃金救援時間，地毯式的搜尋倖存者。（攝影／莊慧貞）

POLICE
高雄市政府警察局
苓雅分局
三多路
Sanduo Rd. Police Station. Lingya Precinct.

平日車水馬龍的街道，如今就像被砲擊過般慘不忍睹，排水設施受損，連日豪雨積水難消。（攝影／林炎煌）

上圖：各地搜救人員地毯式搜索，試圖尋找遭掩埋的生還者及罹難者的遺骸。（攝影／林炎煌）

左上：中正高工設置災民臨時收容所，讓無家可歸的民眾暫時入住。慈濟志工連夜趕製熱食，一早送來熱騰騰的鹹粥，溫暖災民的心。（攝影／陳裕炎）

左下：高雄地區慈濟志工於第一時間總動員，在收容安置地點附近成立關懷服務站，提供熱食、醫療服務，也到殯儀館關懷慰問罹難者家屬。（攝影／郭綵娥）

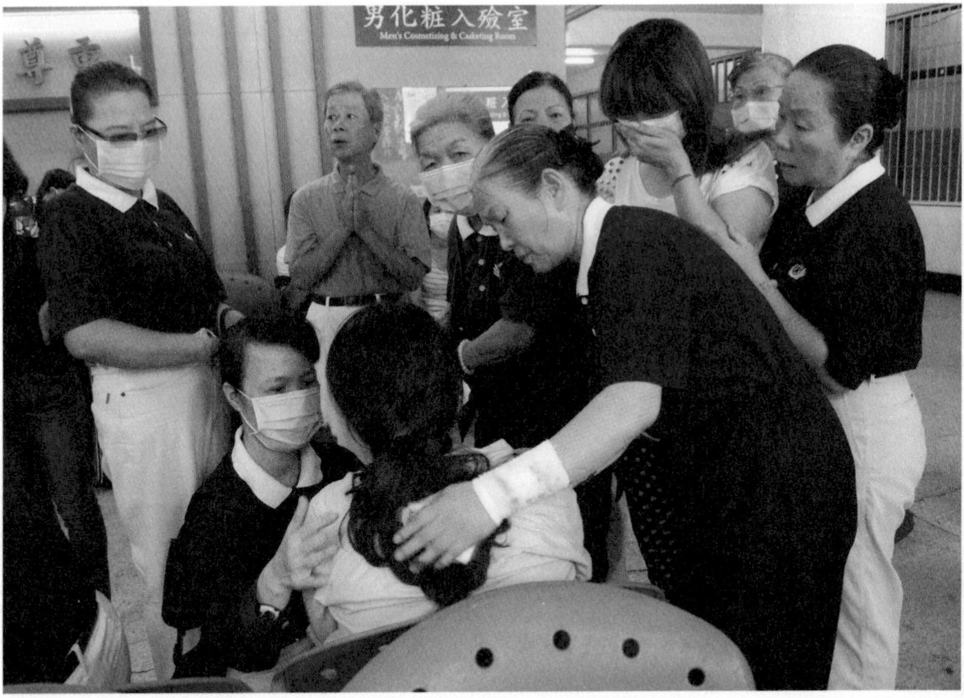
男化粧入殮室
Men's Cosmetizing & Casketing Room

第二篇

緣苦・眾生

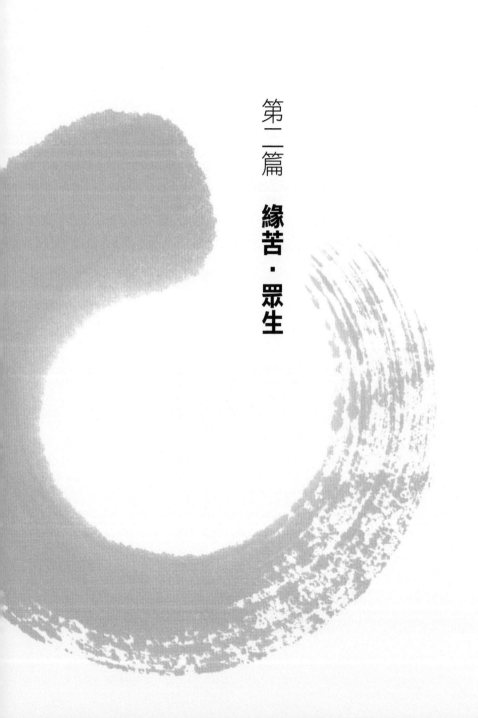

鄉親一夕之間成為災民，忽然要睡在地上，那分辛苦無法想像，受災鄉親心理已經受創，有了「福慧床」，就提升了一分尊嚴。同時，救人的單位，我們也要照顧，這是我們應當要關心的。

——恭錄自證嚴上人・二〇一四年八月二日開示

第一章

安身緩苦

文・廖耀鈴

清晨，許多面容憔悴的鄉親，神情疲憊地癱坐著；昨晚他們在匆忙間穿著拖鞋、皮鞋、布鞋，甚至是光著腳死命地加入撤離避險的行列……隨後，這群鄉親在救難人員的引導下，前往市政府設立的臨時收容中心。

得知社區的五權國小內設有收容中心，慈濟苓雅文化和氣組長楊明珠與訪視幹事吳宥樺等一行人一早便前往瞭解。在向社會局人員詢問收容狀況後，隨即轉往校內的活動中心探視。

走入裡面，只見有人低頭不語，有人掩面啜泣，也有人向社會局人員領取睡袋，倒臥地上休息，但似乎不管怎麼翻身，仍是無法入眠，最終只能撐著兩眼直視前方，無所事事地空過時日……

偌大的空間裡，一位孤零零的阿嬤格外醒目。吳宥樺等人緩緩地走到阿嬤身旁，輕聲地問：「阿嬤，妳還好嗎？有驚到吧？」

話才剛說完，阿嬤的淚水便撲簌簌地從眼眶中流出，回想疏散的過程，「妳知道嘸？我一面逃，水溝蓋一面爆，火舌還會從柏油路面竄出……」

「還好平安逃到這裡，您就好好休息，有任何需要可以跟我們說，我們就在門口旁邊。」吳宥樺一邊傾聽，一邊輕撫阿嬤的手，用心膚慰著她。

臨時安置　身心安住

中午之前，因應災民與救難人員的需求，除了五權國小之外，慈濟志工也另外設立了八處關懷服務站（註一），提供熱食、茶水、醫療及往生者助念等服務，並隨時將災區的狀況，回報給高雄靜思堂的合心防災協調中心。

然而，有消息傳出，由於許多收容中心位於災區，原本就停水停電，生活諸多不便。中正高工因位在管制區外圍，水電、安全無虞，於是市政府宣布，下午四點所有無法返家的鄉親全部集中於此。

午後，六十幾位鼓山區慈濟志工到達中正高工時，校方正要將紅十字會送來的睡袋及墊子，放在即將安置鄉親的教室裡。暑假期間學校環境乏人打掃，在校方同意下，志工們幹起活來，一組人負責清潔教室地板、鋪墊子，另一組人負責打掃廁所，並在教室外放置礦泉水、衛生紙等生活物資。一切就緒後，再分配人力輪流駐守，維護環境整潔、補充物資，以及進行資源回收分類。

因此，當兩百多位鄉親走進中正高工時，慈濟志工好整以暇排列在校門口迎接，而志工早已將一樓到四樓的二十間教室打掃得一塵不染；紅十字會送的睡墊及睡袋整整齊齊地鋪好，受災鄉親只要到社會局的服務臺登記後，就由慈濟志工引導到教室安頓。

其中一對老夫妻相互攙扶著走進教室休息，志工黃冠中發現阿公眉頭深鎖、不停揉著雙腿，原來是蜂窩性組織炎的傷口剛復原，此刻又腫了起來。黃冠中趕緊拿來一個尚未拆開的睡袋墊在阿公腳下，讓他坐起來比較舒服。坐定之後，阿公感動地看著黃冠中，微笑地轉過頭來對老伴說：「這些慈濟人，對我們比自己家人還要好……」

安頓好鄉親後，志工緩緩退出教室，衷心希望他們能暫時放下煩惱、好好休息。

身棲課室　床臥福慧

趕在鄉親還沒起床前，慈濟志工為提供各項服務做準備，八月二日清晨五點半就已將四十桶約一千人份的鹹粥，送抵中正高工，希望受災鄉親、政府人員及其他慈善團體一早就能享用容易消化的熱食，解除連日的疲累。

數小時後，幾輛慈濟環保車駛進校門口，這次送來的是「福慧床（註二）」。證嚴上人從新聞畫面中看到鄉親睡在地板上，覺得沒有尊嚴，也無法好好休息，因此請花蓮本會「高雄氣爆事件總指揮中心」從花蓮、臺北、臺中共調度三百一十九組福慧床提供受災鄉親使用。

第一批三十組福慧床，前一天（一日）下午已送抵中正高工，這天上午又送來另外的二百多床。準備下貨時，各團體志工彼此邀約一起合力，不到幾秒鐘，一樓到四樓的階梯便站滿了志工，長長的「人龍」蓄勢待發，隨著一床又一床的福慧床從卡車上卸下，生龍活虎般地躍動起來——

身穿迷彩裝的海軍陸戰隊士兵，將床交給穿著短褲的大學生，大學生再傳給帶點稚氣的高中童子軍，他的雙手才剛碰到床邊緣，後方穿黃色背心的基督教志工隨即把床接了過去，「我來！給我！」中正高工的男學生熱情地喊著，一轉身，一個像巨人般的外國人輕而易舉地把床提了過去，兩個人相視一笑……教室裡，慈濟志工七手八腳地把源源不絕的「福慧床」就定位。

提著「福慧床」拉把的手輕輕地使個勁，只要二十三秒，原本像四方形豆腐般的塑膠塊展開成一張單人床，再輕輕一拉中間卡榫，只要三秒鐘，又成了有靠背的椅子

大家好奇地睜大眼看著志工的動作，「這個床堅固嗎？我真的可以躺嗎？」圍觀的人忍不住伸手摸了摸問著。「你可以躺躺看啊！這個床有得到德國『紅點』設計大獎喔！」志工笑著說。

「『紅點』？哇！不錯耶！」有人開始「試躺」，有人開始「試坐」，沒多久大家便紛紛拿著睡墊往床上鋪著，不用再打地鋪。福慧床的熱鬧進駐，讓各間教室的氣氛在不知不覺中悄悄改變，鄉親們開始討論起擺放方式——

有的是四張床併排，表示這是一家四口；有的是兩張床併排，表示這是一對年輕的夫妻……安置教室裡有了「家」的感覺，大家坐在高度適

宜的福慧床上，彼此以「平視」的姿態看著周遭「同病相憐」的「室友」們；互相訴說著共同的受難經歷，教室裡話語變多了，笑聲也變多了！

身心醫療　守護健康

中正高工收容中心各項功能齊全，其中也包含醫療服務。高屏區慈濟人醫會在校內保健中心設立醫護站，校方開放讓志工使用所有的醫療器材。人醫會每天安排二十位成員，包括中醫、內科、復健科等醫師，還有護理師、藥師提供專業服務，從早上八點到晚上十點，三班輪流，為鄉親及志工提供醫療及心理諮商服務。

由於大部分鄉親都曾遭受氣爆驚嚇，因此醫療服務必須兼顧身心的照護，一位瘦弱的莊姓婦人，在旁人的攙扶下，半爬半扶地來到醫護站。經過醫護人員與志工的關懷，得知婦人長期洗腎，體重只有三十幾公斤，氣爆當晚，她從床上被震起再摔落到床上，重創了頭部及後背。十年前，她唯一的兒子車禍意外往生後，她就獨居至今。

初步檢查，護理人員量得她的血壓只有六十幾，醫師也判斷她有休克的可能，紛紛說服她到醫院做進一步治療。但莊姓婦人說什麼也不肯，直到大家告訴她醫院也有志工駐守，會繼續陪伴她，才放心坐上救護車。

另一處人醫會醫療站設於五權國小，那裡是市政府的災區前進指揮中心，醫療照護對象與中正高工有所區隔，以軍警消的救難人員為主。八月二日上午，臺北慈濟醫院院長趙有誠、臺中慈濟醫院院長簡守信及大林慈濟醫院院長賴寧生等十一位慈濟醫療志業醫護人員，一早南下高雄後，隨即前往醫療站支援。

臺中慈院院長簡守信和護理人員，來到五權國小醫療站，除了帶來自己的隨身醫療設備外，也特地準備醫院自製的舒緩暈眩中暑不適的寬心油、中藥貼布及按摩油等等。

另外一行人，臺北慈院趙有誠院長則是前往中正高工，與老弱、臥床行動不便、外籍看護等鄉親互動，對於鄉親受到外傷或出現失眠症狀，醫師們也都給予妥善治療。

誠情相待　離情依依

八月三日下午，由於災區陸續恢復供水、供電，社會局也考量隔天有部分學生將回到學校上課，並顧及受災鄉親長期生活品質和隱私權，決定在晚上關閉收容中心，仍無法回家的人將被安置到有衛浴、盥洗用具的普賢寺及勞工育樂中心獅甲會館。

近三天的相處，志工與鄉親早已建立深厚的感情。周奶奶得知即將撤離的消息，拉著志工的手就哭了起來。

「其實，我回了家反而會害怕，在家裡沒有人和我說話，本來想在這裡再住兩天，有慈濟人陪伴，我的心情會好一點。我是個會『認床』的人，但是『福慧床』一鋪，我馬上就睡著了，沒想到現在卻要離開了……」周奶奶家裡的水電供應仍然不穩定，也還有氣爆後濃濃的氣味，不過與其再移遷他處，她還是選擇了回家。

在安置教室的最後時刻，相識的人們相互談心聊天，有人掉淚、有人哽咽了，他們訴説著那夜的驚恐、流離失所的無助，以及對於往後生活的茫然……

柯爺爺的家雖然還是沒水沒電，但他仍決定回家。坐上電動車後，他卻遲遲不肯離去，直到這幾天一直照顧他的慈濟志工回來，他才啟動車子。志工捨不得他回去獨自生活，塞了幾瓶礦泉水和衛生紙在電動車上，交代他要好好照顧自己，也相約一定會再去看看他。

夜色降臨，在保健中心的護理人員忙著打包藥材，醫療站完成階段性任務，即將撤離；教室裡的「福慧床」也完成階段性任務，又回復成原本的四方形，靜靜地在教室後方等待被運回高雄靜思堂；綠色的學生課桌椅也已整整齊齊地排列好，校園即將恢復原本的寧靜。

雖然收容中心即將撤離，但仍有不少鄉親不願離去，因為災區氣爆危險因子尚未完全排除，所以慈濟志工與社會局建立共識，為了平復鄉親的心情，安排四間教室，前後共提供一百餘張福慧床，留給鄉親繼續使用。

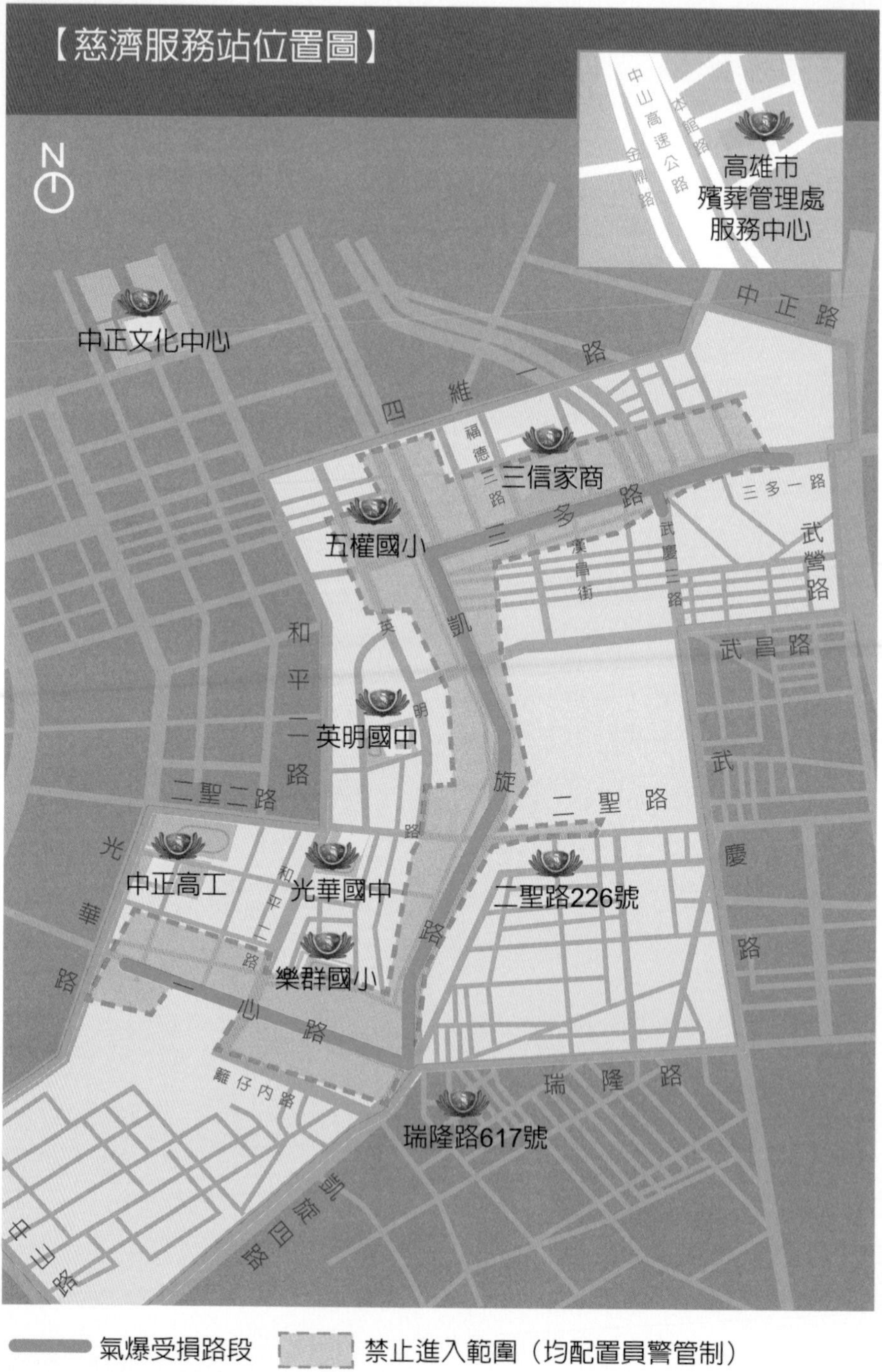

氣爆受損路段　禁止進入範圍（均配置員警管制）

【註釋】

一、八月一日上午慈濟志工於五權國小、英明國中、光華國中、樂群國小、三信家商、市立殯儀館、二聖路二二六號、瑞隆路六一七號及高雄文化中心設立關懷服務站，後配合高雄市政府調整取消光華國中等據點，增設中正高工服務站，前後共設立過十站。

二、「福慧床」即「淨斯多功能福慧床」，為慈濟因應賑災所設計之用。福慧床的功能是離地、墊高，使用時一拉開就能坐、能躺，讓災民不必睡在地上，免受濕濘之苦；該床四邊鏤空，既減輕重量並增加通風性，僅十五公斤重，卻可承受一百五十公斤以上的重量。經巧妙折疊後，一個成年人單手可以提著走，搬運便利，不佔空間。

二〇一四年，「淨斯多功能福慧床」在德國著名的紅點設計大獎（Red Dot Design Award）選評中，獲得「最高品質」獎。

在災難時，香積組真的要發揮很大的良能。災區斷水、斷電，不知道何時恢復，我們用很誠懇的心去探視鄉親，膚慰他們，也為他們送熱食。像去看朋友、親人一樣，用無所求的「誠」與「情」，把熱食親自送到家，而且親切問好，與他們寒暄。現在非戒慎虔誠不可，期待多一些人來接觸素食，少吃葷，多一分清淨心。

——恭錄自證嚴上人．二〇一四年八月二日~十九日開示

第二章

快遞熱食

文・涂鳳美、涂賢照

「高麗菜三簍、紅蘿蔔兩簍、豆包五包、麵腸……請幫我送靜思堂。」

清晨五點多，民族路果菜市場裡人聲鼎沸，承擔慈濟高雄合心香積窗口的呂清潭和太太黃春梅，忙著一攤又一攤地向熟悉的菜販點菜，隨後又趕到高雄靜思堂中央廚房準備開伙。才六、七點鐘就已有一、兩百位志工，主動等著要幫忙洗菜、切菜，讓呂清潭頓時眼眶一紅，淚水不聽使喚地流了出來，心想：「臺灣有愛心的人還是很多，知道有災難，慈濟一定有行動，所以一早就來等著要付出。」

「總鋪師」出身的呂清潭，二〇〇三年退休後，就守在高雄靜思堂廚房擔任志工至今。

大廚運智　菜色多變

氣爆發生那晚，慈濟膚慰鄉親的炊煙就已升起，隨著高雄合心防災協調中心成立，高雄靜思堂中央廚房也接手統籌整個災區所需的熱食炊煮工作，以減低前線志工的負荷。香積團隊有七人，分成兩組，每組各有一位「總鋪師」駐站，輪流提供每天六千人的素食便當，分送到各個政府的收容中心、慈濟關懷服務站、醫院、殯儀館、消防局等。

雖然掌理做菜重責，呂清潭還得和其他夥伴討論菜單，每天變換口味、更改菜色，務必做得色香味齊全，好讓鄉親或救災人員吃起來都會感到歡喜，同時達到推廣素食的目的。

香積團隊中，慈濟志工林春福原是妻子眼中的「老爺」，沒想到這位總是茶來伸手、飯來張口的大男人，來到慈濟後竟肯「洗手作羹湯」。這次氣爆，林春福無法請假，又想為鄉親盡點力，就自告奮勇負責煮每天的早餐。

凌晨三點，林春福摸黑來到高雄靜思堂，進廚房第一件事，得迅速地把一箱箱的香積飯，倒入兩口大蒸氣鍋內，接著倒入呂清潭預先炸好的香菇、芋頭及水。

「還好有香積飯！」慈濟為了賑災而研發出來的香積飯，只要四十分鐘就可煮出一千兩百多份的早餐，如果使用傳統白米，光蒸熟就至少需要一小時。採用香積飯不僅省時，還很省力，林春福一個人在五點前就能處理好，還能好整以暇地去上班。

除了慈濟人，也有不少民眾伸手付出。「老闆在臉書發布慈濟煮熱食的訊息，我們同仁就約好，自動分三梯次來幫忙。」辜仲揚是金鑽休閒科技公司的員工，每天午夜十二點才下班，卻和十二位同事特意等到凌晨三點半，相約一起到靜思堂幫忙。他的同事林宏俊，汗水淋漓地忙著搬菜、拌香積飯，他說：「雖然睡沒幾個小時，但很開心，我還會再來，同時要用Facebook邀更多人來。」

素食聚福　福聚食素

烹煮熱食是一大工程，發送熱食也一樣不簡單。住在三多路的徐柏勝是慈濟芩雅喜捨和氣副隊長，他的住家因為停電，鐵捲門無法開啟，他被困在家裡一整夜；八月一日清晨，好不容易可以出門，他趕快騎著機車到處勘災，才騎到武嶺街，就有一位鄉親大喊：「你——趕快熄火，不然等一下又爆炸！」

濃濃的氣味仍在四周瀰漫，徐柏勝立即熄火，牽著機車走回家。但鄉親剛才說話時顫抖的聲音、驚魂未定的眼神，一直停留在他的腦海……「災區大部分沒電、沒水、沒瓦斯，即使有瓦斯，現在也嚇得不敢開伙，他們早餐吃什麼？午餐、晚餐又從哪裡來？他們現在最需要的是什麼？我能為他們做些什麼？」一連串的問號，在徐柏勝心中不斷浮現……

「我們應該先送熱食，不只是受災戶，還有那些救災的人。」徐柏勝立刻把想法告知隊長劉錫興，兩個人一面向靜思堂登記便當數量，一面號召志工到三信家商大門外集合，準備為鄉親們送餐。

十點多，在災後凌亂的人行道上，徐柏勝對著一百多位送熱食的志工叮嚀：「我們去送餐時，一定要和鄉親多互動，了解他們的所需，讓他們能安心。希望大家能多做關懷，鄉親吃的不只是素食餐，也是一個安心餐。」

志工們以三信家商為中心點，分成七條路線，選出家住附近的志工為領隊，帶著團隊扛起便當、瓶裝水，橫跨壕溝，走過鋁梯加木板搭成的唯一臨時便橋，到鄰近街道發餐。

後來，志工們也仿照「好話一條街」的方式，用「素食聚福」這四個字與鄉親互動、推廣素食；左念國語——「素食聚福」，右看臺語「福聚食素」，無論從那邊唸，都是告訴鄉親茹素的美好。

斷炊救急　慈濟便當

素食便當的持續發送，贏得鄉親一致的肯定。當災難發生沒多久，居民朱明華聽到慈濟志工來發便當，著實嚇了一跳，心想：「怎麼這麼快？」當她拿到慈濟便當，吃下第一口時就感動得流下眼淚，氣爆後猶存的餘悸，在這一刻隨之化去。她對志工豎起大拇指說：「便當做得很好吃，每天的菜色都不一樣，讓人感覺很有愛心……」因此，當志工後來跟她說，吃素也是一種祈福時，她立即點頭認同。

也有不少鄉親說，過去在大愛新聞看到慈濟人為災民送便當都沒什麼感覺，但這回因為不能開伙，慈濟的便當竟成了「救命飯」，一吃到便當，很多人也跟朱明華一樣，忍不住掉下眼淚來。

「經過這次氣爆事件，我對慈濟有全然不同的看法！以前常常聽人家說慈濟都救國外，自己難免會受影響。」黃小姐手上拿著慈濟志工蔡繡禧剛送來的便當，忍不住說出自己的想法。她沒想到，聽說和親眼所見竟然相差那麼多！以前只從網路上得知訊息，或是聽朋友說，一切都沒有經過證實，這次親眼目睹慈濟志工為鄉親所做的一切，那分耐心、愛心、關心和堅持到最後的用心，深深感動了她。

「在這之前，我們家人是從來不吃素的，現在都很樂意接受素食，因為光是看到慈濟人的用心，就感覺這便當很好吃。」黃小姐也分享家人的觀感，她不諱言：「媽媽之前常說，為何大家都捐款給慈濟？」現在她們卻主動表示要當慈濟的會員，母女倆一起捐善款。

長者伏櫪　負重送餐

鄉親的肯定，是志工們最開心的事，不過這樣的成果，卻是一群年邁的志工承擔出來的。因為非假日期間，年輕人都必須上班，所以送餐隊伍中，幾乎都是由上了年紀的志工承擔。當他們奮力扛著一箱箱沉重的便當，跨過便橋，一一奉送到鄉親家中時，構成一幅幅人間最美善的畫面。

七十一歲的孫岩雄行動不是很俐落，第一天扛著便當走下來，大嘆：「這樣不妥當，會吃不消！」於是他馬上去買了一部小推車，但推車只能在平整的路上推，此時災區的道路，不是石塊就是坑洞，所以除了便當，有時還得扛著推車走，儘管辛苦，他仍是甘之如飴。

孫岩雄二十多年前中風，右半邊手腳無力，而且年紀漸大，雙膝退化性關節炎也糾纏著他，導致行動不便、平衡感不佳，所以他經常會跌倒。扛著便當走在崎嶇不平的道路上，還要走過搖搖晃晃的臨時便橋，兩邊又沒有扶手，一失足就會掉進柏油路上被炸出的深坑。他心中雖然害怕，但還是勇於面對：「我從開始就有一個信念，因為上人說『只要是對的事，做就對了！』我想氣爆這麼嚴重，帶隊的時候，我自己小心一點就好。」

人生無常，孫岩雄覺得自己年紀已長，要趕快做！因為做一天就賺一天，只要有機會付出，他一定把握因緣，縱使身體有病痛，推著沉重的飯盒，他的臉上洋溢的，仍是滿滿的歡喜。

克服病痛　勇於付出

發送便當的志工隊伍當中，還有一位罹患巴金森氏症的吳炳輝，兩年前身體出現巴金森氏症的狀況，全身消瘦，肌肉乏力，四肢也漸漸變得無力，病況愈來愈重，但他不願停歇志工之路，覺得與其在家中等待生命消逝，不如把握因緣走出家門利益人群，所以，他決定這次也要跟著出來發送熱食。

頭頂著豔陽，手舉著「素食聚福」的牌子，邁著沉重無力的步伐，吳炳輝一步步跟著志工向前進；一開始緩慢的動作，讓其他志工相當不捨，希望他能夠多休息，但吳炳輝懇請志工給他機會，讓他能親手為鄉親送暖。

「把便當送到災民的手中，災民都很感動，有的人因而成為會員，有的人在路上遇到穿著『藍天白雲』制服的慈濟人，就說『你們真棒』。」吳炳輝從付出中感受到生命的價值，明白生命走到最後，可能身體不能動了，還要倚靠別人照顧，但他現在最期盼的是，把握生命中的分分秒秒，發揮小螺絲釘的力量，為需要的人奉獻一己之力。

勤走不歇　推動齋戒

送餐一段時間之後，災區水電漸漸恢復，有些鄉親告訴苓雅喜捨和氣組長林美麗：「水電已經恢復，你們很辛苦，做這樣已經足夠了……」每天穿梭在災區，精神與體力損耗極大，林美麗累到嘴巴都破了，一口飯總是含在嘴裡半天才忍痛下嚥，身邊的志工也都懇求她要休息、保重身體。

但林美麗知道上人的期待，希望能藉此因緣鼓勵大家茹素，而且走訪災民家中，她觀察到有些鄉親的屋子還沒整修好，其實還無法煮食，更有鄉親的心靈仍充滿恐懼與不安，志工們的定時送餐，其實也是一股安定的力量。

林美麗告訴大家：「送素食便當，不僅能讓人人一起齋戒祈福，也透過每天早晚和鄉親的互動，從中持續關懷鄉親，慢慢帶著他們走出陰霾。」

志工們知道，鄉親有需要，再苦再累都是值得的。

高雄氣爆後這一個月的時間，的確啟發不少人精進。有人平平安安過日子，就忘了要行菩薩道。菩薩道要如何行？就是緣苦眾生！苦難眾生是我們度化的目標，度化眾生是我們修行的目的。

——恭錄自證嚴上人・二〇一四年八月三十日開示

第三章

指揮協調

文・沈昱儀

八月一日清晨，當靜思精舍晨語結束，慈濟基金會文發處（人文志業發展處）主任何日生如同平日，在早餐前向證嚴上人請安；上人詢問高雄氣爆的情況，聽聞何日生的匯報後，感到相當不捨，當下指示基金會要立刻組成指揮中心，還特別囑咐，這次災難宗教處與文發處必須更緊密結合。

不到七點鐘，宗教處、文發處、慈發處（慈善志業發展處）、秘書處等多位同仁，搬椅子、擦桌子，很快地在精舍新講堂成立「高雄氣爆事件總指揮中心」。上人在志工早會結束後，八點四十五分立刻進入指揮中心，聽取同仁的簡報。

從七月三十一日深夜至八月一日早晨，高雄志工已經啟動醫院膚慰、往生者家屬陪伴，熱食供應，及消防救難人員飲用水的提供。上人指示高雄地區志工應該全面動員，更廣泛地進行關懷膚慰工作，並詳實做好人文記錄。各處室開始密集聯繫志工，協調各項工作，高雄分會也同步成立「合心防災協調中心」。總指揮中心成立後，上人密切地前來關心，以便隨時掌握慈濟人援災的最新進展。

兩地視訊　合心救災

八時四十五分，上人在總指揮中心，與高雄志工進行第一次視訊會議。上人指導眾人，氣爆不只造成鄉親傷亡，最重要是造成人心不安；人心不安，社會就不安，因此「亡者靈安，生者心安」是大家要努力的方向，但一切行動要以「平安」為原則。

此外，上人建議高雄協調中心要召集各個和氣組隊中有豐富家庭訪視經驗的志工，輪流進入醫院、殯儀館、收容中心等地關懷鄉親，過程中可以帶著慰問金，發現鄉親有經濟困難時，才能及時援助；若訪視人力不足，總指揮中心可調度外縣市的志工，加入高雄訪視行動。

熱食供應方面，上人叮囑，飯菜要讓鄉親吃得下，才能感受到溫飽，所以菜色要多樣，還要準備熱湯。收容中心的關懷，應深入了解鄉親安置狀況，「福慧床」隨時都能運到高雄使用。

此後，花蓮與高雄每天固定都會進行視訊連線，針對鄉親的需求、志工的行動討論，以安排人力物力調度。這種透過視訊協調救災的模式，從二〇〇八年四川大震災以來，慈濟已多次應用在援助全球重大天災。

不捨席地　百里送床

第一次視訊會議，上人不捨鄉親被安置在學校或社區活動中心，沒有床鋪，只能躺在地上休息。「若有年長或行動不便的人，在沒有支撐物輔助之下，要他們如何躺下？心如何能安？」當下，上人請花蓮總指揮中心物資組，即刻調度全臺的福慧床，送至高雄協調中心備用。

總指揮中心物資組由宗教處與慈發處同仁組成，立即確認福慧床分別存放在花蓮靜思精舍、臺北三重志業園區及臺中分會。上午九時多，北、中兩地志工已著手準備，同時，花蓮也與宅配公司洽談運送事宜。

臺中分會距離較近，數量也較少，五十六組床於八月一日下午二時三十分率先送抵高雄，並立即轉送三十組到中正高工，給行動不便的鄉親及老人家使用。臺北則是數量最多，因靜思人文物流處的貨車不敷調度，由康國行銷公司協助，運送一百六十一組福慧床及二百零九箱香積飯（一箱可供三十人食用）等物資，於下午六時送達。

然而，花蓮、高雄之間，因中央山脈阻隔，往返都須通過蜿蜒山路，加上事出突然，沒有一家公司能夠臨時排出專車，物資組陳明德急得像熱鍋上的螞蟻，轉請大家推薦熟識的貨運公司。

文發處同仁賴睿伶剛剛協調好人文真善美志工的調度，便主動上網搜尋花蓮在地貨運公司的資訊。「明德師兄，我剛剛跟宜花東物流的吳先生談了一下，他因為手邊有工作在進行，而婉拒我。不過人很和氣，你要不要等會兒再試試？」

陳明德猶如溺水者抓到救生圈，但一接過寫著聯絡訊息的紙條，不禁皺起眉頭，因為不久前，也有同仁被這位吳先生婉拒，「那我還要打這通電話嗎？可是再找不到車，就沒辦法今天送到，再試試看吧！」心繫災區鄉親，陳明德硬著頭皮再次聯絡貨運公司老闆吳學起。

「您好，我是慈濟基金會的陳明德。」

「陳師兄，你們已經打過兩次電話了，我也很想幫忙，但我剛從高雄載貨回來，貨都還沒卸，真的沒辦法！」

「這些鄉親已經遭受苦難，我們真的很想讓他們有床睡，讓他們的心稍微安定下來。不好意思啦！真的很希望您能幫這個忙。」陳明德不放棄的精神及誠懇的態度，終於打動了吳老闆。

「……好啦！那等我把貨卸完，就馬上過去精舍載床。」

中午十一點半，吳先生依約開著貨車來到靜思精舍，除了一百零二組福慧床，也幫忙載運四十一箱香積飯，順利地在晚間十時，把物資都送到高雄靜思堂。

觀機逗教　誠情評估

福慧床運送期間，上人要給災民的慰問信函，依照屋損、受傷及往生等三種情形，也已擬妥。只等慰問金金額確定，就能一併提供給高雄協調中心，進行發放。

上人特別提醒，不同的信要搭配不同顏色的信紙，尤其高雄鄉親經歷這樣的災難，加上天氣炎熱，心情應該有點煩躁。所以挑選信紙盡量以淺色為主，例如給受傷鄉親的信，以綠色比較能表達生機。

慰問金金額，慈發處邱妙儒建議以一九九五年的中油板橋氣爆案為例，當時是給一萬元的慰問金。上人卻認為，板橋氣爆距今已二十年，時空、物價都不同，應該要傾聽高雄在地的意見。

高雄協調中心協調組杜俊元、林景猷，與訪視組張媌嬪等人依以往經驗，參考剛發生的澎湖復興航空空難傷亡祝福金，做出重傷兩萬元，輕傷與往生都一萬元的建議。然而，上人認為，氣爆事件與復興航空澎湖空難不同，空難保險理賠的金額較高，而氣爆造成的燙傷，需要長時間的治療與復健，傷者的補助應依照傷勢的輕重來發給。

最後的共識是，重傷發給三萬元，輕傷發給一至兩萬元，受到驚嚇或擦傷的鄉親發給五千或一萬元；至於往生者家屬的慰問金則發給一萬元，重點是要關懷家屬，希望亡者靈安、生者心安。這些祝福金發放的同時，也請志工用心評估，如果發現個別需要，可以列為長期關懷個案，給予生活補助或是精神陪伴。另外，上人指示房屋受損的補助，則要先了解受損程度及戶數，再決定發給的金額。

慰問金金額與發放標準確定後，二日下午三時，高雄協調中心隨即動員八組志工，帶著慰問信與慰問金，前往十家醫院，關懷受災鄉親與他們的家屬。同時，總指揮中心法親關懷組曾海洋反映，許多投入關懷的志工，本身內心也受到驚嚇，需要膚慰，建請精舍常住師父前往高雄進行法親關懷。

上人在視訊時，詢問高雄協調中心：「這次受到驚嚇的人，雖然沒有受傷，但心裡的傷跟損都很大。請大家討論看看，是否需要常住師父們到高雄去做法親關懷？」

「非常需要！」高雄與會志工齊聲回應。

於是，三日午後，德晉、德愷、德佩、德寧、德勷與德杭等六位精舍師父從花蓮出發到高雄。高雄志工欣喜之餘，仍是將關懷鄉親擺在第一順位，請師父們主持祈福晚會，並領眾前往醫院、警消單位送祝福，為後續的關懷行動，注入新的力量。

我們要戒慎虔誠，以虔誠的心上達諸佛聽，祈福會大、小場都沒關係，只要莊嚴就好。世俗人看到出家人都會覺得很莊嚴，因為修行者有那一分道氣，要將道氣帶進去；人人都有真如本性，只要虔誠，「佛、法、僧」自性三寶都在每個人的心裡。

——恭錄自證嚴上人・二〇一四年八月四日開示

第四章
愛的肩膀

文・鍾文英、羅世明

當慈濟志工莉娜將一碗香濃綿密的紅豆湯端到眼前時，剛從榮總加護病房移到一般病房的五甲分隊消防員張順和，激動得眼淚快掉下來了！莉娜是慈濟志工陳亞屏家中的印尼幫傭，也是慈濟志工，她告訴張順和，不能一直來關懷他們（打火英雄），所以她能做的，就是煮紅豆湯給他們補充營養，為他們祈福。

這番話令張順和百感交集，人生的幸與不幸何其難說！氣爆當晚，他連人帶車墜落極深的裂縫中，在火光中拚死爬了上來，全身超過百分之十燒燙傷，住進高雄榮民總醫院；卻也因此在這裡遇到慈濟志工，吃著這碗用心熬製的紅豆湯，感受人與人之間如此真摯誠懇的情意，不問彼此認不認識，只問他有沒有需要……

不請之師　家人之情

八月一日早晨七點多，左營區慈濟志工接獲通知，氣爆意外後有十七位傷者送往高雄榮民總醫院，和氣訪視幹事陳芳蘭及王麗雪立即邀約志工，一行六人趕往醫院加護病房撫慰家屬。

住在加護病房的張順和，原本擔心前來會客的妻子太晚回去，但妻子一句：「病房外面還有慈濟師姊會陪伴我到最後。」讓他放下了心；長期茹素的媽媽用餐問題，也在志工的保證下，讓他無須操煩。

另一位消防員鄭健村，他的媽媽在得知兒子受傷消息後，立即從嘉義南下高雄準備長期照顧鄭健村，但人生地不熟的情況下，慈濟志工邱玉梅每天載著她往返醫院與租屋處，幫忙打點所需的一切，像個不請自來的親人。後來，鄭健村傷勢比較穩定，不需要時時照看，邱玉梅怕鄭媽媽無聊，還帶她到高雄靜思堂當志工；在幫忙打便當的過程中，鄭媽媽了解到，做志工並不難，只要懷著無所求的心就足夠。

志工的真誠和熱情，令張順和及鄭健村十分感動，讓他們從慌亂不安，逐漸恢復正常生活；他們感恩志工們的愛讓他們恢復得比較快，而且有這麼多人的關心，也促使他們要趕快站起來，重新回到崗位投入工作。對於這段有如家人一般的感情，志工蔡麗華笑著向他們保證，將一直關懷他們到出院，之後再由社區的志工持續關照。

志工有愛　輕敲心門

榮民總醫院收治的氣爆傷患之中，替代役男陳楚睿格外令人不捨，曾在平面媒體當模特兒的帥氣男孩，替代役被分發到高雄市消防局。氣爆當天，他負責前往現場照相，原以為只是一般勤務，沒想到氣爆規模之大，造成他全身百分之五十的二至三度燒燙傷，入院後，一直都在加護病房與死神搏鬥。

陳楚睿是家中獨子，那起伏不定的傷勢，讓陳媽媽擔憂不已。一開始，陳媽媽完全謝絕志工的關懷，志工以同理心看待，只是輪流排班，靜靜守候在一旁；直到第三天，志工細心地觀察到一直不願離開的陳媽媽未穿襪子，怕她著涼，特別去買雙襪子幫她穿上。如此貼心的設想，開啟了陳媽媽的心房，這才開始與志工有了些許的互動。

志工發現陳媽媽的情緒，都是隨著陳楚睿的病情起伏。她始終待在加護病房的門口，連醫生都備感壓力，於是請志工想辦法，讓陳媽媽離開加護病房的門口，轉換環境，將有助於紓解她的情緒；而陳媽媽的妹妹，也請志工陪著她們念誦經文，「我們要到佛堂為楚睿念誦《藥師經》，我們會請師姊一起來。上人有說：『媽媽要心安，孩子的心才會安。』」陳媽媽聽到妹妹的勸解，眼淚開始流個不停，轉頭對志工說，「過去這幾天沒辦法睡覺，眼淚也完全流不出來。」

為了讓陳楚睿的父母心情平靜下來，志工們安排他們到高雄靜思堂，陪著虔誠祈求菩薩能夠讓他們的兒子度過難關。陪伴的志工陳亞屏，一度因事前往日本，也特意到當地寺院，在祈福樹上為陳楚睿寫祝福卡，拍照傳回來，為陳媽媽、陳爸爸打氣。

在醫師用心治療及眾人的祝福之下，陳楚睿的病情每一天都在進步，媽媽深鎖的眉頭也逐漸舒展開來，她非常感恩慈濟志工這段期間的陪伴，讓她學習到，原來在旁邊默默的陪伴、關懷，也是一分莫大的力量。她希望等到兒子康復後，也帶他一起到慈濟當志工。

法師關懷　慈悲祝福

高雄氣爆事件過後，為撫平傷痛，安定居民不安的心，除了志工動員之外，高雄慈濟志工在八月二日與花蓮本會視訊會議中表達，希望精舍師父也能來災區關懷，透過宗教的膚慰力量來安定民心。上人聽到志工們的心聲，隨即請德晉、德愷、德佩、德寧、德勷、德杭等六位師父，隔天前往高雄。

八月四日一早，六位精舍師父分別前往長庚醫院、阮綜合醫院、義大醫院及國軍總醫院等各大醫院關懷，一一致上結緣品及佛珠，祝福傷患、家屬及在場的志工及醫護人員等。

隔日，精舍師父在志工的陪同下，又繼續前往殯儀館和三多派出所、高雄市政府消防局等地關懷慰問。殉職義消黃尚強，平時樂善好施，家中常常是高朋滿坐。他的女兒看到精舍師父與志工來到靈堂，心情十分激動，面對著爸爸的遺照合掌問：「爸爸，師父和慈濟志工來看您，您有高興嗎？這麼多人來看您，您有歡喜嗎？」

女兒無限懷念地告訴精舍師父：「這些天來，我不斷以爸爸的教誨來堅強面對無常。爸爸平時教導我們要樂觀，面對事情不要哭哭啼啼。」此時，女兒拿著爸爸的訃文輕聲地問：「我爸爸喜歡熱鬧，您們可以來送他最後一程嗎？」得到志工的允諾後，她露出欣慰的笑容。

離開殯儀館之後，精舍師父來到苓雅分局三多派出所，慰問這次氣爆第一線的救難人員。連日救災，他們的身心早已疲累不堪，看到自己的弟兄遭逢無常，內心深處的惶恐與焦慮更是難以言喻。聽到精舍師父要發上人的佛珠，所長陳榮輝露出高興神情說：「我們已經期待很久了！」於是趕快請同仁過來領受，讓精舍師父為十七位員警一一戴上佛珠。陳榮輝很感謝宗教團體來關心，尤其精舍師父的到來，就像寒冬中的一股暖流，溫暖與安定大家的心。

在高雄市消防局裡，局長陳虹龍告訴精舍師父，氣爆發生後，他心中非常自責沒有保護好自己的弟兄與居民，德勳師父安慰他說：「消防弟兄都把救災當使命，也是責任，更是喜歡的工作。至於殉職的弟兄，他們在世間的緣已盡，要正向思考祝福他們。」聽完師父的一席話後，陳虹龍緊繃的神情終於些許舒緩。他告訴志工，擔任消防工作已經三十幾年，就數這一次災害最大，他感恩慈濟人的付出與關懷，也安定了大家的心。

愛與關懷　釋放傷痛

高雄氣爆發生之後，安心膚慰的需求一一浮現，主動南下高雄參與訪視的北區慈濟志工羅美珠向協調中心提出建議，「我們是不是應該來辦場祈福會？」

這項建議提出後，大家深表贊同。尤其參與澎湖空難救災後親自到災區關懷的林景猷，有感空難當時在地居民惶恐不安，也是藉由辦祈福會來安定民心。

八月二日獲知建議後，宗教處黃淑惠隨即前往中正高工勘查場地，及接洽祈福會事宜。隔天傍晚六點，祈福會場地已然布置完畢，慈濟志工在會場入口排成長長的人龍，用親切的笑容招呼每一位經過的鄉親。會場前雖然沒有高高的舞臺，但兩個架高的螢幕和左右幾座燈光讓與會鄉親可以觀賞無礙，螢幕前五十一尊琉璃佛一字排開，讓會場更顯道氣莊嚴。

在〈愛與關懷〉的歌聲中，螢幕上重現近日氣爆意外的影像。杜俊元為鄉親帶來祝福與鼓勵：「上人交代要祝福往生者追求新生命，受傷者快快康復，要自我祝福，心若安就能平安，請大家要時時自我祝福……」

靜思精舍六位師父也來到現場為大家祝福，在皎潔的月光下，現場氣氛平靜又祥和，當德勳師父恭讀證嚴上人慰問信時，許多鄉親聽到遠在花蓮的上人也為他們關心祝福時，不時地頻頻拭淚。

「我的心很痛、很痛……」竹東里前里長陳進發的太太李春桂上臺分享，才開口，在場的一千二百多位與會者，眼眶立即泛紅，大家都對陳進發的熱心公益知之甚詳，這樣一位好人的驟逝，大家都非常不捨；尤其朝夕相守的結髮妻子，此刻心裡的傷痛更是難以言喻。她感傷地說：「傷亡者都是咱們的孩子，也都是父母用心養大的，真的希望這樣的事情，不要再發生！」

家住文昌里的潘玉霞帶著兒子來參加祈福會，節目進行中兩人專注聆聽，她還不時地拭淚。心有餘悸的潘女士向志工描述在氣爆當晚，與兒子慌張避難過程中遇到慈濟人那一刻，像是在黑暗中發現一盞明燈，讓她打從心裡充滿感恩。

她接著說：「這三天都是吃慈濟的素飯，飲水也是慈濟提供的，有慈濟真好！今晚的祈福會讓人感到平靜安詳，好多人在關心我們，讓我們不覺得孤獨，也感覺到更有力量了。」

這場祈福會總共約一千人參加，在彼此感恩聲中結束。鄉親離去時，靜思精舍師父與志工們一一為鄉親致上最深的祝福，祈求大家能平安遠離苦難。會場的琉璃佛在黑暗中散發出的光芒，彷佛在為災區每位鄉親指引著人生新的方向與希望。（註）

【註釋】

慈濟志工於八月三日、五日及十七日，依序在中正高工、福康國小與英明國中舉辦「戒慎虔誠弭災禍」祈福會。

上圖：慈濟志工分組走入災區街巷，扛著飲水跨過崎嶇的道路，並提供忙於清理環境、不便開伙的居民熱食便當。（攝影／林炎煌）

左上：慈濟志工逐戶家訪或發送便當，為驚慌的鄉親帶來安定力量。（攝影／莊慧貞）

左下：慈濟人醫會、慈濟醫院醫護人員參與「安心關懷」家訪， 同時關懷受災鄉親的身心狀況。（攝影／黃俊強）

QFZ-715

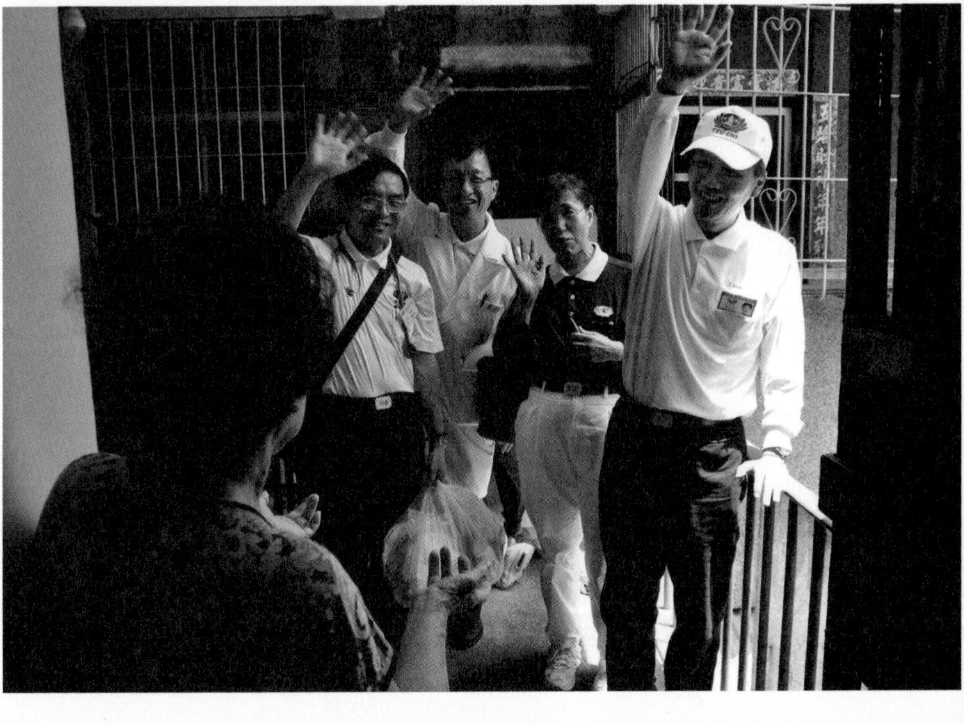

上圖：中正高工設置災民臨時收容所，讓無家可歸的受災民眾暫時入住。慈濟志工提供福慧床，讓大家有一個舒適的床可睡。（攝影／陳裕炎）

左上：高雄市政府於五權國小設立指揮中心，靜思精舍師父前往關懷，送上平安吊飾，祝福守護在前線的國軍弟兄。（攝影／周幸弘）

左下：慈濟志工走入災區發放熱食便當給民眾，一分溫情、一句感恩代表了無限祝福與關懷。（攝影／莊慧貞）

慈濟志工於福康國小舉辦祈福會，一起為亡者祈安，為地方祈福。志工引領眾人點亮心燈，虔誠祈求天下無災無難。（攝影／卓冠伶）

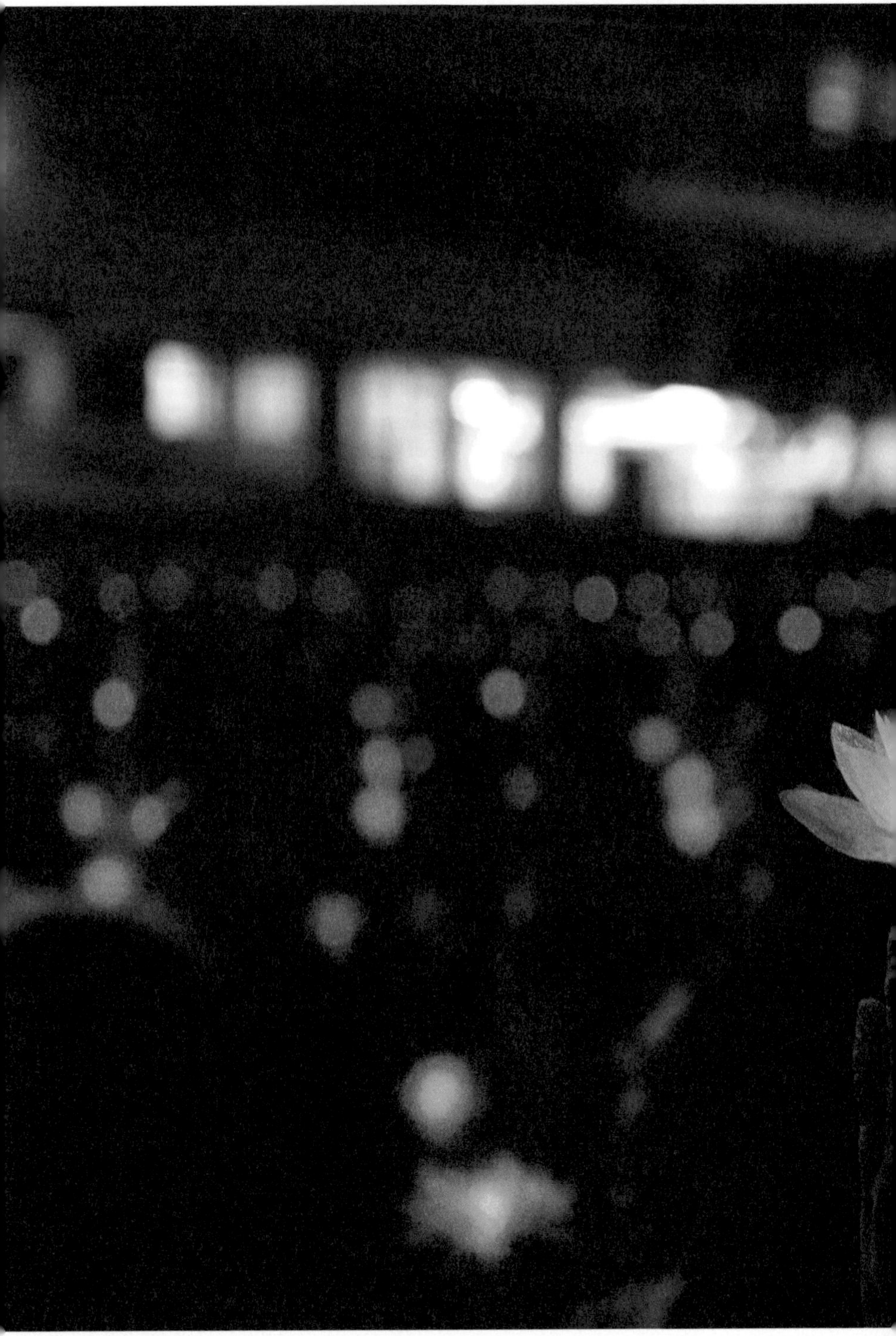

第三篇

安心·關懷

我要大家相信師父常說的一句話——「入我門不貧，出我門不富」，你們應該以此做經驗。（一九六九年）臺東大南村火災時，整個村燒掉，慈濟連兩萬塊錢都沒有，我還是做了整個村的發放。我們真的有錢嗎？沒錢！我想的是，要給那些苦難人的是「尊重」，所以不顧一切，給他們的物資都是最好的，憑的是最虔誠、無私的「誠」與「情」。

——恭錄自證嚴上人・二〇一四年八月五日開示

第一章

擴愛萬戶

文．羅世明

為什麼舌頭碰到的地方盡是苦味？慈濟苓雅喜捨和氣訪視幹事李琇釧抿了抿乾澀的嘴唇，才意識到自己奔波近十二小時下來，都沒什麼喝水。

氣爆後，李琇釧來不及驚恐，就匆匆投入膚慰鄉親的工作，八月一日凌晨，先趕往醫院陪伴氣爆傷患家屬，天亮後再轉往慈濟關懷服務站幫忙招呼鄉親；時近中午，她顧不上休息，又跟著隊伍，步行到三多一路的災區發放熱食。

三多路和武慶路口，平日上班時間車水馬龍，經過昨夜驚天駭地的震盪後，此刻在大太陽下，別是一番面貌；一道深廣的壕溝和東倒西歪的車輛，映入李琇釧眼簾，她不禁在心中驚呼，「哇！這事情如果發生在上班時間，那還得了！」殊不知，這個路口是這起氣爆意外造成死亡人數最多的地方。

親自前往災區送餐，李琇釧更能體會鄉親的現況與心情，她認為應該要立刻進行訪視，才能評估如何協助受災鄉親重建家園，於是找了同和氣組隊的劉丹莉討論，並依照現有的七條熱食發放路線，規劃出十三條訪視動線，以房屋損害記錄為重點，準備進行首次的訪視任務。

災區訪視　社區先行

當下她們向和氣組長林美麗請求支援，透過聯絡網，動員組內志工，也向鄰近的和氣組長，尋求人力支援，並且回報高雄合心防災協調中心。協調中心建議苓雅喜捨和氣可以先進行，訪視經驗可提供給大家作為評估補助的參考。

八月二日上午九時前，二、三十位志工集合在三信家商，李琇釧向大家布達訪視的作法，這個作法源自於二〇〇九年莫拉克風災家訪的經驗。

當時災難規模非常大，高雄慈濟志工全體動員救災，李琇釧所屬的和氣組隊認養六龜鄉新發、新開、荖濃三個村的訪視工作，但當地很多房屋都被土石流淹沒，連屋子都看不到了，怎麼「評估」房屋損失的狀況？志工請里長幫忙召集村民，讓他們站在原本房屋的所在地，用白板寫出地址，再用相機拍下地址、人和土地，作為後續發放的依據。

這一次，苓雅喜捨和氣的訪視團隊決定延續六龜鄉的訪視經驗：先拍門牌，再拍屋損。大家如法炮製，進展很快，接近十一時，已經走完二百六十戶，其中有九十戶不在，完成一百七十戶的勘察。

此時，防災協調中心突然來電，表示接獲市政府通知，災區仍有氣體外漏，請大家趕緊撤離。於是訪視團隊迅速離開，回去整理資料後再討論後續的作法。防災協調中心則是考慮志工的安全，決定全面暫緩訪視，再擇適當時機進入……

組隊共識　擴大關懷

慈濟第一場災區祈福會八月三日晚間已圓滿舉辦，膚慰行動也已上了軌道，政府對災區重建的措施正逐項開展。長期駐點在高雄分會的宗教處同仁黃淑惠，八月四日一早就來到防災協調中心轉達許多重要訊息：市政府已明確公布災區範圍；市府工務局協同結構技師工會認定災區的房屋結構皆未受損，僅是內外的表面毀損；市政府屋損的補助約在五百戶左右。

災區訊息的明朗化，意味著慈濟志工重啟訪視的時機已經到來。防災協調中心即刻通知全高雄地區三十九個和氣的組隊長與訪視幹事，下午三時到靜思堂開會，討論災區家訪事宜。同時，黃淑惠請同仁協助上網到高雄市戶政事務所，下載災區二十個里的戶數資料。

「總共是二萬零九百四十二戶！」（註）

當數據呈報出來時，震驚了所有的人。杜俊元、林景猷、黃淑惠……幾乎每一位協調中心的成員都在思考，這麼龐大的家戶數量，如何在短時間內完成訪視？

近二萬一千戶中，如果預估九成接受家訪，大約也有一萬八千戶，其中受驚嚇的人占多數。假定四位志工組成一條動線，一天可訪十二戶，就必須規劃一千五百條動線，人力需求為六千人次！

下午三時，當會議一開始，「二萬零九百四十二戶」這個數字赫然出現在高雄所有的和氣組隊長及訪視幹事的面前時，著實攫住眾人的目光，大家心裡有數，即使動員全高雄訪視志工一起投入，這個數字仍然令人望之卻步。原本想在社區自行承擔的苓雅喜捨和氣訪視幹事李琇釧，也被這個數字嚇了一跳，在人力及時間都吃緊的情況下，不得不作罷。

引昔勉眾　信願力行

雖然會議最後凝聚了共識，但二萬多戶的訪視，到底要從哪裡開始著手，還是讓負責規劃的林景猷備感壓力！

八月五日上午與花蓮本會總指揮中心視訊會議時，林景猷除了向上人報告要做全面性家訪，由災區所在的四個和氣組隊志工做重點承擔，其餘三十五個和氣做人力支援的決議之外，也向上人請示內心的隱憂和徬徨：「災區面積廣大，訪視動用的人力負擔很大，未來往下走的腳步如何穩定及全面性？」

不捨弟子們所承受的壓力，上人以「內心話」來與眾分享。上人勉勵大家，要以天下人的心為己心，因為菩薩所緣，緣苦眾生，要時時用「感恩、尊重、愛」。感恩跟我們志同道合的人、尊重受災受苦的人，共同合起來時，就是真正很乾淨的一個字——那就是「愛」。

上人再以二〇〇九年莫拉克風災時，慈濟人合心協力在八十八天內的時間，完成杉林大愛村七百多間永久屋的援建，幫助鄉親們安身。

接著，上人舉自身的經驗勉勵高雄慈濟人，要謹記「入我門不貧，出我門不富。」這句話，只要一心一念為災民設想、付出，自然能聚集更多的善能量。一九六九年臺東縣大南村大火時，當時上人做慈濟，一無所有，在銀行的存款連兩萬元都不到，但還是勇敢地為全村發放，而且所發的是當時品質最好的臺麗毛毯。

這種奮力而為的背後，是什麼樣的精神呢？上人告訴大家：「慈濟最早期沒錢也沒人，竟然能把大南村家家戶戶救過來，我們真的有錢嗎？沒錢，想的卻是那些苦難人，我們要給的是尊重。所以不顧一切，憑著最虔誠、無私乾淨、愛的誠與情這樣地付出，給他們的都是好的！」

上人再次期許大家深刻體會，「若我們先考慮多少錢來做多少事，都會被框住，預算多少錢不是我們主要的考量，重要的是細心體會真正的苦難人有多少？」

上人請高雄慈濟人不要煩惱、擔心，在管制區還未解除的情況下，應從外圍逐步往內做，才會安全和快速。

全臺動員　雲湧高雄

五日下午，宗教處同仁葉秉倫再向上人請示有關人力動員與訪視人員組成的作法。上人囑咐要趕快透過全臺各區推薦有意願者前往高雄支援，讓大家報名。

透過宗教處，聯絡網立即布達全臺志工，許多志工早在氣爆發生後，就已經整裝待命，並主動聯繫高雄分會與花蓮本會，表達支援的意願。如今，總指揮中心的訊息一出，各梯次名額迅速爆滿。

全臺志工的愛心串聯，鼓舞總指揮中心不少主管、同仁也想前往支援，並開始詢問彼此的意向。正好上人看著大家，一句：「你們誰要去高雄？」「我！」「我！」「只要有需要我們就去！」只見宗教處主任謝景貴、文發處主任何日生，以及宗教處副主任王運敬、組長葉秉倫等人紛紛表達意願！

於是，上人責成謝景貴與何日生、王運敬與葉秉倫兩兩輪替，一在高雄、一在花蓮，即刻準備啟程，輪流南下陪伴，並耳提面命：「到高雄是帶動，不是坐著指揮；要記住培養導覽者、傳法者、說法者的人才。」上人特別叮嚀：「彼此要感恩、尊重、愛。」

同時，上人指示取消八月二十九至三十一日預定舉行的「慈悲等觀．人人協力」專案研習營隊與慈誠精進三日營隊，將營隊靜態的課程轉為實踐的方式，以實際行動參與，讓志工們投入高雄氣爆訪視，從付出中體會何謂「慈悲等觀」。

上人期待人人藉由實地體會，真正走入境界裡去，事後成為慈悲等觀的實行者、導覽者，同時也是說法者、傳法者。「因為深入其境，這種的導覽者是最踏實的，同時更能從苦難中去體會真實法。」

其次，有關訪視攜帶的「安心祝福禮」，經高雄氣爆總指揮中心主管、同仁討論後，內容物包括香積飯、福慧珍粥、素鬆、五穀粉、《靜思語》等。食品類是因應災區鄉親無法或是因受驚嚇不敢開伙煮食，可以當正餐或補充營養用；《靜思語》則是希望在災後，能提供鄉親一分安定情緒的心靈食糧。外包裝採用大愛感恩科技生產的蘋果綠手提袋，顏色看起來較有生機。

至此，「人人慈善・安心關懷」的行動方針已經獲得確認，而「人人慈善」的體驗學習，也從課堂走出戶外；從高雄地區，擴大為全臺灣的實作經驗，邁出了慈濟歷史上空前的第一步。

【註釋】

家訪關懷對象為前鎮一、二和氣及苓雅喜捨、文化和氣四個受災區域內的住戶，預估數量為二十里二萬零九百四十二戶。

我們要做的事很多，心要穩定下來，要用處理重大事件的心來看待；這次災難不只人傷、有亡，最重要是人心不安。安心祝福禮是一分誠與情的表達，要讓他們知道，我們是來關懷，不是來做救濟的，那種情是不一樣的。問問他有被嚇到嗎？關懷他的同時，也要用心記錄，了解他的房屋有沒有損壞。

——恭錄自證嚴上人‧二〇一四年八月一日～七日開示

第二章

家訪初探

文．思詠

七月，是今年（二〇一四）全世界最不平靜的月份：馬來西亞航空班機在烏克蘭遭擊落墜毀，阿爾及利亞航機墜毀，復興航班於颱風的風雨中墜於民宅，以阿武裝衝突不斷……最後高雄發生大氣爆。這些人禍，歸責於誰？慈濟人的信念是：問責不如問候，詰難不如慰苦，咎人不如己善。

慈悲眼光　深切真實

氣爆還未滿一週，媒體還熱烈在探討責任歸屬，證嚴上人的眼光已深入了高雄氣爆鄉親的內心處，感受到受波及的民眾有很大的驚嚇，提出應該啟動「人人慈善．安心關懷」行動，透過全面性家訪，逐戶關懷、理解鄉親的心情及需要幫助的範圍。

直接受到氣爆衝擊的街道，此時已被管制，不得隨意進出，上人因此囑咐慈濟志工，關懷行動要從外圍開始，將氣爆受災區和所波及區域的三十五個里，約四萬戶的居民（註），一一親臨家訪、慰問。而志工們一開始也有些疑問，未受災的鄉親也要關懷嗎？上人的指示是明確的，所有劃定受波及的區域，每戶都要關懷。

投入第一線關懷行動的志工們最終都感知到，一場氣爆，其實改變了高雄市民對這城市的看法，也改變了他們對人生的看法。他們體會到了人生的無常，感受到城市的安全與舒適不是永恆的。「居安思危」，「知福、惜福、再造福」，這種平常掛在大家嘴上的好道理，如今在高雄鄉親身上，已是刻骨銘心的印記。

親臨前線　膚慰里民

八月六日，基金會的同仁前往高雄，文發處主任何日生、宗教處副主任王運敬也一起加入高雄合心防災協調中心的運作。他們的第一件任務，就是要協助高雄第一線的志工們，落實逐戶關懷行動。

經過幾次的討論，何日生感覺到大家對於運作的細節還莫衷一是，主因是許多人都有訪視的經驗，但眼前的課題，是如何讓大批的志工，都能去拜訪素未謀面的鄉親，讓鄉親們都能感受到慈濟的關懷、社會的溫暖。何日生建議：「坐而言，不如起而行。最好的方法，就是幹部們都直接進入社區拜訪。」

當天下午，高雄合心防災協調中心的成員就已來到第一線，資深的慈濟志工杜俊元、林景猷，連同王運敬走一條路線；何日生連同慈善志業發展處專員邱妙儒，另外帶著六組高雄志工幹部，一組從六人到九人不等，包括人文真善美志工，一起進入前鎮區氣爆受波及的幾個里進行家訪。

何日生等人來到育樂路，這裡並未直接受災，但是水管在氣爆後就壞了，停水已近一個星期。路旁一位六十歲左右的蘇美英女士，正等著垃圾車要倒垃圾，看見慈濟志工就很高興，主動來攀談。聊起氣爆，她帶有驚慌的語氣，說著她一個人獨居，氣爆當時天搖地動，爆炸聲響與她家才隔著一條街，此起彼落的轟然巨響，讓她整夜睡不著覺；一週下來，她目前還是失眠，心中驚懼猶存。

志工們跟著蘇美英回家，她所住的兩層樓公寓，位於一長排封閉式社區的最末端；兩旁的鄰居看著一群慈濟人來到，不停地微笑著。進了她的家門，房屋裡的物品擺放得不是很整齊，一條電線突兀地穿過客廳，接在一個日光燈上；電風扇已經壞了，還有一部半新不舊的腳踏車，說是幾年前慈濟人送的，讓她出門行動比較便利；佛桌上有些許雜亂，供奉佛像顯示她的虔誠信仰。

一群人來到，讓她滿心歡喜，師姊們簇擁著她，讓她開始滔滔不絕，像是要把一生的故事都說盡。志工拿出安心祝福禮，是香積飯以及上人的書籍等，蘇美英把書拿了，但其他物品就婉拒，推說希望志工再轉送給其他的人。直到同行的高雄志工鄭儘，解釋說香積飯是精舍師父親手做的，是大家給她的祝福，她才開心地收下。

接著，何日生拿出上人的祝福信函，徐徐地唸了一段，蘇美英恭敬地聽著，也伸出了雙手，危顫顫地接下祝福信。何日生看著眼前的老婦，感受到她內心的觸動，看著她急忙將信放在佛龕的桌上，雙手合十拜著，口裡唸著：「這一生如果能到上人那裡，是最大的願望。」大家看到她的虔誠與感動，也都感到欣慰，幾位師姊悄然站在稍遠處看著，眼眶已經紅了。或許她還沒能到上人那裡，上人已經來到了她家。

一行人，又進入隔壁一對老夫妻的家。這一戶的家裡是一塵不染，一切物品都整理得有條不紊，佛龕清淨而莊嚴。老太太七十多歲，個頭不高，臉上堆滿笑容；老先生瘦瘦高高，開口說話就是笑。

老先生跟大家說，當天一聽到爆炸，他就騎機車到外面看。「那不很危險嗎？」志工忍不住說道。老先生沒有回答，繼續說著那一晚的驚駭：「爆炸的火焰竄了幾丈高，濃煙四起，比電視新聞所播的幾尺火焰還高。」他說，隨後他又繞到另一條街，也是爆炸不斷，就趕快離開現場回家。老先生描述氣爆的神情，眼睛裡彷彿還可以看見當時熊熊的火焰。

對一輩子都住在這裡的鄉親，過去的每一個夜晚都是重複的寧靜、舒緩的節奏，除了鄰居的電視聲音與孩童的嬉鬧，幾乎沒有任何的意外與聲響，幸福的生活中或許還帶著些許的單調與沉悶。但七月三十一日的這一夜，深刻的驚恐改變了他們對這城市的記憶。

反覆溝通　通達理念

當日晚間，何日生、王運敬、邱妙儒等一批基金會主管與同仁，與高雄合心志工齊聚開會。會議由杜俊元主持，針對未來數週的逐戶安心關懷行動提出意見。經過了下午的走訪，大家對於逐戶關懷的行動，都覺得非常有必要，且有高度的信心；但當時高雄合心防災協調中心，並無關懷行動的動線規劃功能組，是由苓雅區、前鎮區各兩個慈濟和氣組隊分別規劃。因此，基金會的主管們提出建議，必須在高雄協調中心組成工作小組，才能落實上人的逐戶關懷的理想。

杜俊元聽了建議，交付基金會同仁來進行規劃，經過連夜討論，建議協調中心得增加一個「路線規劃組」，由國軍退役將軍谷風泰來承擔。這意見獲得大家的支持，志工「谷將軍」也不負眾望，發揮了過去在軍隊統合協調的專才，縝密地推算人力與訪視所需時間，提出逐日關懷的進程。

八月七日開始，安心關懷的行動得以進一步落實。這一天，高雄志工動員了七十組志工，擴大規模試行訪視。但有志工回報，有部分鄉親拒絕了訪視，因為這些鄉親認為慈濟是救濟團體，而他們不是受災戶；但許多志工也把這份「安心祝福禮」當作是發放物資，並未詳加向鄉親解釋。

這個問題凸顯第一線的志工，對於上人理念並未充分地掌握與清楚理解，因此林景猷於當日下午的會議中不斷地強調：「這不是發放，是安心關懷。」同時，慈發處同仁所設計的訪視表格，要讓當地四個和氣承擔領隊的志工，幫忙記錄下每一戶需要幫助的資訊，但眼下所回收的資料零散不全，難以具有參考價值，也顯示了需要強化溝通、貫徹「安心關懷」理念的急迫性。

何日生決定，親自與同仁前往第一線說明。當天晚上，便偕同文發處沈冠瑛、慈發處邱妙儒，依序前往前鎮和氣與苓雅和氣，向志工幹部們具體說明本次行動的理念，以及填寫紀錄的重要性。

第一站到達前鎮區已經八點了，三十多位和氣幹部前來聆聽，何日生用了半個小時，說明上人對於這次安心關懷行動的理念與方向：「這是壓驚、關懷、了解鄉親的需求，而這不是發放、不是救災。因此對於每一戶的真實情況，是否需要後續關懷，我們必須逐一記錄。」第二站前往苓雅和氣時已是晚上九點二十分左右，又向志工們說明了近四十分鐘才離開。

一個晚上的走訪，除了讓志工了解安心關懷行動的理念與記錄的目標，何日生與同仁們更感受到第一線志工執行工作的辛苦——他們對於每日安心家訪的動線規劃，常常到深夜才完成，四點多又起床，經常是冒著大雨去現場勘察，不管是前鎮或苓雅的志工們都是如此。

因此，何日生又向杜俊元、林景猷、谷風泰建議，請谷風泰代表高雄合心防災協調中心，前往第一線去與和氣幹部徹底地溝通、規劃，以彌補大隊從高雄分會出發後，與第一線銜接所發生的落差。谷風泰從善如流，真正地把訪視動線規劃的各環節串聯在一起。

關懷鍬羽　重整腳步

八月八日，全臺來支援的志工都齊聚高雄，大約一千人，隊伍相當浩蕩，這一天要正式展開「人人慈善．安心關懷」行動，遊覽車一部接著一部駛離靜思堂，往前鎮區瑞祥里進發——選定這裡為關懷行動起點的原因無他，這裡有個慈濟環保站，在地慈濟人都稱這兒是「福地」，福地福人居，志工們希望從這裡開始，做好敦親睦鄰，一時卻忘記了此處離氣爆區僅數街之遙，並不符合上人「由外向內關懷」的指導。

何日生搭乘最後一輛車離開靜思堂，抵達集結點瑞祥國小時，大隊已經整好隊伍，而最前端的志工也出發了。當他下車時，隔街而對的消防局正好開出幾輛消防車與救護車，尖銳的鳴笛聲很引人注意，過去跑新聞的直覺告訴何日生：「一定有大事發生。」

果然，合心協調組的志工接到電話，說有訊息傳出，此刻氣爆災區現場又有不明氣體。茲事體大，大家紛紛想辦法確認訊息，其中一位志工與政府相關機關相熟，特地打電話詢問，得到答案是「沒事，一切如常。」但此時，又有一位警察騎著機車過來，要志工趕快離開現場，不要逗留！

幾位主管與高雄合心志工已經聚在一起，大家都已提高警覺，感覺責任重大，「是繼續？還是立刻撤離？」只要一個決定下去，就是關係著一千人的行動。高雄中生代志工方漢武，此次也加入合心防災協調中心的運作，他找到了前鎮區區長的聯絡電話，特地去查證消息，獲得確認：「由於現場有不明氣體，政府已經宣布，全區的學校都要淨空，讓周邊的居民都可以撤到瑞祥國小及瑞祥國中避險。」

何日生即刻向杜俊元分析：「第一，目前氣體外洩的實情不明確，但我們要維護志工人身安全；第二，這個瑞祥國小，即將有居民要進來避險，而我們把這裡當集結點，也是不妥。」這個意見馬上獲得共識，合心協調組馬上請現場還未離開的志工暫停動作，並緊急聯繫已經出發的志工回頭，同時又趕緊聯繫遊覽車回來接人。

車子在半小時內就回來了，分批載送志工離開瑞祥國小，但最後約有四十多人，因為遊覽車調度因素，遲遲等不到最後一班車；何日生志願留下，要確認大家都平安離開。此時已近中午，緊張的氛圍使人格外敏銳，空氣中飄散著一股異樣氣味，現場還在等車的志工，有人開始咳嗽，也有人趕緊拿出手帕掩住口鼻，何日生也聞到了，感覺很不舒服，於是拿出口罩戴上，他不禁心想：「這時候的氣體，肯定沒有氣爆當時的濃烈，此刻都已讓人沒有辦法好好呼吸，真的有一種讓人從背脊涼起來的不安。」

好不容易，十二點半時，最後一輛車終於出現，載著所有外地志工離開瑞祥國小；何日生鬆了一口氣，卻還沒法全然放心，他親自前往五十公尺之遙的慈濟環保站，那裡還有幾十位前鎮在地的慈濟志工堅持待命著，其他人兩次來催促疏散都沒有用。何日生來了，親自向大家說明，「所有志工都已經離開，請大家也不要逗留。」志工們聞言，三分鐘後也就全部疏散，結束了這場撤離應變。

傍晚與花蓮的連線視訊會議，高雄現場的每一個人都感到懺悔，忘卻了上人先前的叮嚀；人人的心頭也有挫折感，反而促使大家重新思考，接下來要進行的關懷方向，重新確立「由外而內，以里推進」的原則。

【註釋】

隨著災區範圍的逐步確認，慈濟基金會關懷鄉親的範圍，也由原來的二十里再擴及周邊鄰里，增至三十五里四萬零八百一十五戶。

只要是在安全、平安的範圍內，我們就要用心投入。雨中行走更加強我們的信心，所謂「風雨中生信心」，真是名副其實，這不是形容詞，是動詞，我們已經用心做出來，我們就步步走、步步精進。

——恭錄自證嚴上人・二〇一四年八月十一日~十五日開示

第三章

風雨願行

文・葉灑瀛、莊玉美、許淑椒

雨已經下了好幾天，高雄的天空像裂了一條縫，不斷傾洩而下的雨水，填滿地面裂開的縫還不肯罷休，更把凱旋路給澆上了黏稠的黃泥巴。

驚駭過後，大雨滂沱，空氣中帶著幾分濕熱，高雄靜思堂內卻流蕩著一股溫馨的暖流……在大廳一隅，一袋袋繫上紅色平安吊飾的「安心祝福禮」，裡頭裝著證嚴上人的慰問信、《靜思語》、福慧珍粥，以及靜思精舍師父們用心製作的五穀粉、素鬆、堅果等，整整齊齊地排放著。一會兒，幾位慈濟志工拿著塑膠袋過來，一邊套上，一邊說著：「給鄉親的心意可不能淋濕，得穿上『雨衣』喔！」

八月九日，花蓮總指揮中心重新確立了安心關懷的行進路線要「由外而內」，從距離管制區較遠的安全區域開始。方向既定，八時許，人人手提安心祝福禮，列隊魚貫步出靜思堂，雖然走在帳棚下，豆大的雨點仍飛濺進來，還沒上車，許多人的白鞋已經濕透。

克難住宿　安穩樂處

這一階段慈濟「安心關懷」從八月六日啟動，在此之前，證嚴上人體恤高雄志工人力負荷，籲請全臺志工前往支援，而宗教處發給外縣市志工們的通知，不忘提醒：「請自帶寢具。」

「八人寮房，都已經安排了十四人入住，真的『塞』不下了。」連日來，總務處同仁黃惠煌為了安排各地志工們的住宿，大傷腦筋——高雄靜思堂一共有四十六間寮房，平時可以容納三百六十八人，但外縣市來支援的志工最多時達六百位，寮房「超載」情況下，最後只能利用走道，作為志工們的臨時鋪位。

黃惠煌說：「當然是希望來的人都能住得舒適，可以安心休息，但災難來大家要共體時艱；就像十五年前的九二一大地震，大家揹著睡袋就到災區，根本連床都不敢想……」

由於人數眾多，志工的起居作息對高雄靜思堂是一大考驗，所有的動線規劃，都要考慮如何節省時間，為了讓大隊人馬能迅速進出靜思堂，連穿鞋的時間都要節省——這恐怕是慈濟有史以來，全球的據點中，頭一遭讓眾人穿鞋進出；志工們從進入講經堂後就穿上鞋子，一路步出講堂、穿過迴廊、經過大廳，等志工全數出門後，再由福田志工清掃、還原場地。

雖然吃住都克難，但靜思堂畢竟是慈濟人溫馨的家，志工沒有半句怨言；走出大門，步入雨中，真正修身、修心的考驗才要開始……

雨如甘泉　潤人心地

清晨六點，前鎮區大雨滂沱，志工無懼附近的災區已經處處積水，來到瑞北路集合。在高雄合心防災協調中心將「人人慈善・安心關懷」的施行區域改弦易轍之後，前鎮一和氣隊長葉明雄也立刻找到可以容納志工的集結點，此刻正忙著布置現場。

「那邊是報到處，這裡是醫護站，需要兩張桌子和椅子……」雖然下著雨，但大家穿著雨衣勞動，身體被悶在裡頭，異常不舒服。葉明雄抹去額頭的汗水，眼見遊覽車一部接著一部開過來，急忙呼喊著交通組上前引導車輛。

車門一打開，穿著雨衣，肩上背著「安心祝福禮」的志工一一下車，不管認不認識，彼此只用眼神打招呼；在靜思堂出發前，各組已經編好，只待前鎮志工來領隊引路，三人一小組，三到四組成一小隊，一列列藍天白雲的身影，挨家挨戶按門鈴，關懷、膚慰受驚的鄉親。

雨下個不停，輕巧方便的雨衣，終究擋不住陣陣雨水；雨水順著帽沿，滑進衣領中；全身包覆在不透氣的雨衣裡，汗水漸漸地滲透衣裳，額頭的汗滴落下來，眼前模糊一片，已分不清是雨水、汗水……

「感恩喔！感恩喔！」路邊賣水煎包的阿嬤，以及買水煎包的婦人，熱情地向志工揮手，阿嬤說：「看到那麼多慈濟人走在街頭巷尾，心裡很感動！」

「師姊啊！進來坐，休息一下。」大樓管理室內兩位管委會委員親切地招呼志工。

「讓你們受驚嚇了，大家都平安嗎？」志工輕聲問著，看到對方的眼眶紅了，連忙將上人的慰問信與伴手禮奉上。兩位管委會委員忙著婉拒，連聲說自己不是災民，志工們又進一步解釋，這是一份祝福，裡頭還有上人的慰問信呢！

「我們有五部電梯，可以給我們五份慰問信嗎？我想貼在電梯裡，希望住戶們也可以感受到上人的祝福。」管委會委員讀了信，不再婉拒志工們的好意，還想把這一分關懷，分享出去。

香積簡食　法親相契

說也奇怪，老天爺像是在考驗慈濟人的願力，當隊伍走入社區，雨就嘩嘩啦啦下個不停；中午時分，當志工們冒雨回到集結點，在葉明雄所商借的優佳雙語學校歇息時，雨水也跟著慢慢歇息。

偌大的穿堂裡，志工們褪去雨衣，同時抖落一身疲憊，有些人顧不上吃飯，找張課椅坐下，就先邀集小組成員討論，把走訪情況記錄在表格上；另一邊，有志工實在累極了，直接趴在桌上小憩……葉明雄呼喚大家：「用餐了！這裡有熱湯，大家用完香積飯後，來喝個湯，暖暖身子、恢復體力。」

家住臺北的謝秀梅，訪視的經驗相當豐富，走了一個上午，感受深刻，對鄉親除了不捨，也對上人希望擴大關懷範圍的想法感到佩服，這不僅契合鄉親真實的需求，也覺得自己能有機會來到這裡付出，深深體會到是責任和使命，一點也不覺得累！

她拿出早上出門前泡好的香積飯，坐在小椅子上，舒展了腿，隨即打直身板，雙手合十，默默感恩眼前的餐飯：就是香積飯一碗，沒有多餘的配菜。謝秀梅一臉輕鬆，笑著說：「我們吃香積飯幾天，上人也陪著我們吃幾天。」

上人在視訊連線時向高雄志工說，這段期間，志工在社區關懷，吃的都是香積飯，自己也就跟著志工吃；花蓮本會總指揮中心的同仁聽到了，也發願跟著響應，連靜思精舍師父們也自願參與。人不能到，心，要與高雄在一起。

「上人的心，貼著我們的心。有些事情不是用說的，而是用心去體會上人的心。」謝秀梅一口一口咀嚼，吐露著慈濟法親之間的情與義。

另一邊，志工來到苓雅區三信家商附近，這裡一整排的房屋，樓上玻璃已被震得支離破碎，居民暫時用藍色帆布遮擋；樓下的鐵捲門更因爆炸力道猛烈，已凹陷變形；騎樓前，散落一地的碎石，可以想像當晚爆炸的威力。

「轟隆隆！」一聲巨響劃破天際，志工才剛下車就受到驚嚇，抬頭四處張望，以為又發生爆炸……眼見雲間電光閃閃，原以為已經停歇的雨，隨即又傾盆而下。

破碎大地　輕輕走遍

這段期間，高雄不時下著間歇性的大雨，在雨勢稍歇時豔陽又毒辣難耐，高雄慈濟志工李秀月身為引路的領隊，幾天來都要頂著這樣惡劣的天氣，早上、下午來回災區好幾趟，一天就得走上好幾公里的路程。

「我是個路癡，常常搞不清東西南北。」她深怕到了陌生的鄰里巷弄間，連自己都找不到路，加上每天走訪的路線又不一樣，所以每天晚上都要上網查詢隔天的路線，畫一張簡略地圖，方便隨時查詢各巷道的方向位置；帶路的當天，她還要提早試走一遍，「地圖上看起來是有路，但路斷了，或被封鎖，或被壕溝阻隔，有時候明知目的地就在『對岸』，但是就過不去。」

此刻，她領著小隊，肩上還要背負著重達一公斤的「安心祝福禮」，遇到公寓，不免爬個幾層樓梯上樓下樓分送。「我都不知道自己是怎麼辦到的！」李秀月本身有著脊椎疼痛的痼疾，不能過度勞累，但是想到這裡是自己的家園，這些人是自己的鄰居，不管再累、任務再多變，她都要挺直身軀撐下去。

「整條三多一路到處是汽車玻璃爆裂的碎片，還有瀝青爆開的碎塊，我的雙腳根本踩不到平坦的地面……」路難走，卻要走透透，安心關懷就是要讓所有鄉親都感受到社會的溫情，遇有鄉親不在家，或是上班去了，李秀月就要利用晚間再跑一趟。

在家訪過程中，有鄉親感恩道謝，難免也會碰到不同宗教或是不願接受、心存懷疑等反應，但這些都沒困擾她繼續付出的心，李秀月說：「只要讓他們了解我們的用心就好，任何境界都不用放在心上，才有辦法一路走下去。」

門鈴響起　心安入門

「叮咚！叮咚」志工伸手按了門鈴，「有人在家嗎？我們是慈濟志工，帶著證嚴上人和全球慈濟人的祝福而來。」志工們穿著雨衣站在門口，等待屋主回應之前，雨水繼續順著帽簷往下滑落，滴滴答答地落在臉上，如果不是人人臉上帶著笑容，真容易讓人誤解是淚流滿面。

「哦！這麼工夫！（臺語，即「周到」之意）」高壯魁梧的陳先生開了門，邀請志工入門而坐，志工一一在門口脫去雨衣，輕輕地跺跺腳甩去雨水。還沒等大家坐定，陳先生自顧自地說：「說也奇怪，我家的門鈴已經壞了一年多，為了不讓陌生人亂按，就不去修理，以便讓媽媽能夠住得安心。」

陳先生事母甚孝，是街坊出了名的，鄰里都知道他家門鈴是壞的，如果有事，就從後院相找。而損壞一年多的門鈴，就在慈濟志工愛心關懷之際，重新甦醒了過來，陳先生感佩地說：「你們真是上天派來的菩薩，感恩啊！」

另一組人來到竹北里的范鄰長家中，志工賴貴雲拿出上人的慰問信，鄰長太太蘇女士展信誦讀：「……證嚴無法親臨致意，感恩慈濟人將以『走在最前，陪伴至最後』的大愛精神，安頓每一個受創的身心……」

蘇女士邊讀邊掉眼淚，字裡行間彷彿有股暖流，撫平了幾天來內心的驚恐不安，她哽咽地說：「當了慈濟三十年的會員，對慈濟的了解也不少。每次聽說颱風要來，是因為有很多人的愛心聚集在一起才能安然度過，雖然這裡算是災區，但是家人都平安，今天慈濟人還冒雨前來，讓我非常感動。」

大難過後，慈濟人挨家挨戶拜訪，也一一打開了有緣人內心的鬱結。

家住凱旋三路的李先生和太太，目睹氣爆慘狀，內心一直起伏不定，從臺中南下支援關懷的志工呂清音，上前輕輕握著李太太的手、輕拍她的背說：「我們送來上人的慰問與祝福，帶來祝福禮給你們壓驚。」

李太太忍了好久的眼淚，終於找到出口，她哭著說：「我心中有一把火，好像要爆炸了……」經過志工的膚慰後，她的心終於平復下來，「謝謝你們來關心。」

雨停了，眼淚擦乾了，雖然下一刻仍難保天候陰晴，人也難料旦夕禍福，但只要人間覺有情常在，再難走的路，都有人間菩薩陪著走。

我們在協調時，最重要的是不要忘記相互感恩、不斷讚歎；做對的才讚歎，做錯的就要耐心牽引，利用這個機會修自己的心，同時勉勵別人的心。

「柔和忍辱」是這一回重要的工作，一定要表達出來，這也是在鍛鍊功夫，哪怕有時人多要大聲喊、小聲叫，也要先道一聲感恩。柔和的語言能讓人心產生力量，希望大家互相讚歎，彼此感恩。

——恭錄自證嚴上人・二〇一四年八月十三日開示

第四章

製圖引路

文・李貞蘭、葉灑瀛、胡青青

「玉香師姊，就由妳來擔任家訪路線及人員配對的窗口！」八月七日是高雄氣爆事件後，災區啟動「人人慈善・安心關懷」的第二天，預定要逐一家訪慈濟前鎮二和氣關懷的十個里。雖然合心防災協調中心已於事先安排三十條動線，但是從高雄市各地湧來的志工，卻遠多於預估人數，將中正高工的穿堂擠得水洩不通。突如其來的變化球，加上大家都沒有人數與路線分配的經驗，讓現場陷入一片混亂。忽然間，在人群中有人提議由溫玉香承擔此一重責大任。

在隊伍間低頭認真研究路線圖的溫玉香，錯愕地抬起頭來，恰恰對上多雙誠摯懇求的眼神。「對！就是妳！就由妳來吧！」「對啊！妳的思緒及口條比較清楚，妳是最佳人選！」

她心想：「慈濟志工最擅長的就是邊走邊整隊，所以跨出第一步非常重要！」她毅然地肩負起這項使命，拿起麥克風，開始進行志工人數與路線配對的工作。

逐街場勘　核實路線

家住前鎮區的溫玉香，因住家離氣爆重災區還有段距離，所以當天她一如往常地作息，完全沒察覺氣爆意外發生，直到幾個小時後，接到其他志工的來電，才知此一訊息。接下來的幾天，她與先生全心投入熱食發送、受難者家屬慰問陪伴、醫院探訪及收容中心災民關懷等緊急救難行動。直到收容中心的關懷行動告一段落，她才回到高雄靜思堂，參加防災協調中心的會議。

八月六日下午，防災協調中心啟動「人人慈善．安心關懷」，先以六組人員試走一遍，並交給各組負責人家訪範圍路線圖。當溫玉香拿到只寫著「和平二路一一八巷」的家訪路線圖時，心想：「這下糟了！一一八巷到底有幾戶人家也沒寫清楚，這次沒走完的戶數，如果下次來家訪的人不是我，怎麼知道要從哪裡開始走？」

試走後，溫玉香的疑惑還是沒有得到解答。七日早上，防災協調中心與花蓮總指揮中心視訊連線，向上人報告試走結果時，上人建議家訪要以「里」為單位，一里訪完再換另外一里，溫玉香頓時豁然開朗，「對呀！就是要這樣！」

路線圖規劃雖然理出了頭緒，但事情的發展卻不是大家想像的那麼簡單……

「人人慈善．安心關懷」第二天，中正高工的穿堂上擠滿了志工，雖然防災協調中心已畫出三十條道路、巷道地址的路線圖，但卻錯估了參與志工的人數，讓第一線陷入不知如何進行的困境。有豐富營隊經驗的溫玉香，便在眾人的促請下，承擔起這項工作。

穿堂外，天公不作美，大雨嘩啦啦地下著，加入慈濟已超過二十年的溫玉香，也在大小營隊歷練出「接變化球」的本事，她不急不徐地拿起麥克風說：「請大家先安靜下來，麻煩輪流從一到三十開始報數，報一的就在第一組，報二就在第二組，依此類推……」不一會兒工夫，三十組路線很快就編完，接著志工各自拿著只有標示地址的路線圖，在滂沱大雨中浩浩蕩蕩出發。

「完了！這三十條路線，大部分都沒走完……」「哇！沒走完的，到底走到哪？如果明天換了另一組人來走，該怎麼辦？」當天晚上，溫玉香與另外五位志工在光華慈濟環保站裡，整理三十條路線的家訪資料直到凌晨兩點。過程中，又發現了新的問題。

「我們一定要有更精確的路線圖，才能事半功倍。」溫玉香找來幾位熟悉電腦操作的慈青幫忙，請他們上網下載各個里的行政區域圖，並列印成紙本。就在整理各區域的路線圖時，她看到一張自己住家附近的路線圖，「不對啊！這裡已經蓋了大樓，怎麼還標示是空地？」溫玉香瞬間明白，網路上的地圖，是幾年前的舊資料，照著走肯定行不通。

「規劃動線之前，一定要先走一遍，才不會有落差。」她以土法煉鋼的方式，帶著團隊成員進行實地勘察，除了將戶數算出，更進一步將無人居住的空戶，以蠟筆標示在地圖上，讓拿到的人可以一目了然。

溫玉香白天要跟著團隊進行家訪，晚上還要核實家訪資料及規劃隔日的路線圖，幾乎每天都要熬夜。有一回，為了做好場勘工作，她竟然在凌晨四點冒著大雨，穿著雨衣，摸黑走出家門，到一早即將進行家訪的巷道間，拿著筆、就著昏暗的街燈，一戶一戶地抄下門牌號碼，並註明在家訪路線圖上。或許是她的行跡顯得怪異，每每有汽機車通過，都會減速或搖下車窗多看她兩眼。

為了家訪動線能順暢，溫玉香要求自己「要做，就要做到最好」，所以每每做到凌晨一、兩點，躺上床後還不停地透過通訊軟體回覆各種訊息，隔日一早又精神奕奕地出現在大家面前，有人關心地問：「妳不累嗎？」「需要休息嗎？」她總是回答：「自從氣爆那晚，感覺『無常』離自己那麼近時，就時常提醒自己，不能有太多負面的情緒，要把握時間做該做的事。」

不怕變化　隨方就圓

同樣也是上網下載地圖，進行路線規劃的志工吳成瑤，與方麗美、黃佳琪、黃惠媺、鄭儘、夏玫蓮、陳維鈞、陳永昌等人，共同負責前鎮一和氣關懷的八個里。

她在社區雖不是承擔訪視功能，但因本身從事教職工作，所以上網找資料及匯整資訊等行政工作，對她來說是再平常不過的事。為了讓工作更有效率，她找了幾位熟稔行政文書工作的志工組成團隊，迅速完成第一次的家訪路線圖。

然而，溫玉香遇到的舊圖資問題，也發生在吳成瑤身上。家訪結束後，領隊紛紛反應門牌與實際狀況落差很大，有些地方平房改建公寓、大樓，甚至蓋了工廠；有的則是房子已拆除，成了空地。

為了讓大家有更精確的路線圖，吳成瑤決定先親自探勘路線，再來做動線規劃。有一次，夜裡下起大雨，當她拿著地圖正要走出家門時，兒子黃韋瑄指著時鐘問：「十一點了，妳要去哪裡？」她揮著手上的地圖，「去場勘啊！」兒子馬上跟了過來，「太晚了，我跟妳去！」隨後母子倆穿著雨衣、打著傘，冒著風雨走進黝暗的黑夜裡。

「咦！怪怪的，怎麼轉個彎，路名就不一樣了……不對啊！兒子，我們剛剛從哪條巷子走過來的？接下來……」沒有方位及空間概念的吳成瑤，迷失在多岔的路口，一旁的兒子看不下去，隨即將雨傘交給她，「妳拿著，地圖我來看！」雨嘩啦啦地下著，儘管身上早已濕透，手上的地圖也已模糊，她依然堅持走完全程，把地圖上遺漏的街道一一標記出來，直到深夜兩點才返回家門。

「師姊！地圖上那一點一點的門牌號，我看不懂啦！妳可以用畫的嗎？」費盡苦心才完成的路線圖，卻無法讓每個人都能看懂，吳成瑤沒有為此感到氣餒，她與團隊討論後，貼心地在地圖上增加許多象徵透天厝、公寓、大樓、市場的圖形文字。雖然工作量增加了，但是她認為這就像是教學一樣，「一定要用適合學生程度的方法來教，動線圖也一樣，看得懂最重要！」

解決了地圖的問題，但志工人數與家訪戶數的分配，一直困擾著吳成瑤，有時給的戶數太少，上午就走完了，還要立刻提供新的路線圖，才能繼續進行。為此，她向溫玉香學習分配的訣竅，並且將自己的聯絡電話貼在地圖上，當問題發生時，讓家訪志工隨時可以跟她聯絡。

除了與團隊的合作無間，家人的支持與幫忙，讓吳成瑤無後顧之憂，必要時還會助上一臂之力。有一次她與志工在光華慈濟環保站開會到晚上十點，還未整理隔天的動線圖，只好將手寫資料傳真回家，由兒子繕打、列印，再送至環保站。

但是她萬萬沒想到一個小時後，先生開車護送著兒子及資料出現在環保站，會議還是持續地進行著，她只好麻煩他們將更正後的資料剪貼至動線圖上。先生與兒子沒多說什麼，只是默默地找了桌椅，一個剪，一個貼，完成時，已經是凌晨兩點。

善用資訊　藉事練心

幾天的動線規劃下來，讓一向習慣於有計畫做事的吳成瑤，有了不一樣的體悟，她與志工分享：「我們做老師的，平常很會紙上談兵，但實際走出去之後，才了解現場真正的需求是什麼？所以唯有實際去做，才能學到做事的方法。」

「喂！您好！請教一下，我看過有一種『里行政區平面圖』，上面有清楚的街道及標示門牌號碼，您們有這樣的東西嗎？」由慈濟苓雅喜捨和氣關懷的十一個里，路線規劃由黃雅琳負責，她曾任職於會計師事務所十幾年，其間經常要協助客戶與國稅局溝通，所以很熟悉政府部門的權責劃分，只要發現問題，就會聯想到可以問誰，可以問哪個主管機關。在戶政人員熱心提供下，黃雅琳接觸到了「道路門牌查詢網站」，以道路路名做定位，可以粗估出同一條街道及巷弄裡的戶數資料。

「嘟、嘟、嘟、嘟——」「沙——」鍵盤上發出的打字聲，與一旁列表機尖銳的叫囂聲，不停地催促著黃雅琳要趕快完成，但剛開始進入這個網站，她對於它的功能不甚了解，有時不小心滑鼠一動，縮尺比例跑掉了，就得重來；經過兩、三次失敗後，她掌握到訣竅，花了一天的時間，終於拼貼好一幅約全開紙張大小的災區街道平面圖。

當她正高興隔天可以順利將路線圖交給家訪志工時，卻接到一通電話：「不是以街道為單位，要以『里』為單位，並且從外圍安全地方往內走訪……」

「啊！那不全做白工了？」沒有太多時間讓她猶豫及質疑，她隨即上網動手重做資料，當網頁一點開，「怎麼會這樣？」一條三多路橫跨好幾個里，要完整地涵蓋十一個里，她所做的平面圖僅能算是完成一半，若再拼接下去是行不通的。

欲哭無淚的黃雅琳，不得不收拾起情緒，按照一個里一張圖的原則，重新處理，必須趕在天亮前完成路線圖。

本以為找到方法，就能加快作業時間，可沒想到協調中心竟要求每天多達一、二百條的路線圖，除了要在時間內如期完成，常常又得面臨家訪志工組隊數變來變去，黃雅琳好幾次按捺不住情緒，頻頻向同和氣組隊的訪視幹事李琇釧反應：「真的沒有那麼容易，這個真的很難做，你要幫我們爭取時間！」

因既定的行程無法改變，她只好從身邊熟識的人中求援，李琇釧、張麗卿、劉曉芬、陳金發、陳蓓蒂、林淑貞等志工紛紛加入團隊，大家分工合作，當四十戶為一條路線的作法，好不容易排好後，當天晚上又收到訊息要改十戶為一條動線。

「怎麼會這樣？為什麼第一時間不講清楚？我都排了耶！」黃雅琳不禁又急又氣，但只要想到災民的處境，她馬上轉換了心境。雖然每天都有新的狀況，每天都要接受新的挑戰，但她並沒有退卻，她雲淡風輕地說：「既然答應了，就要把它做到好。」

這次動線規劃任務，讓在社區承擔訪視功能的她，有了一些新的想法，她希望藉此機會完成行政區裡「鄰里街道地圖」建檔，除了以備不時之需，另一方面也讓志工能更深入了解社區，並提供愛灑、家訪的規劃依據。

「人人慈善．安心關懷」的家訪行動，涵蓋在慈濟前鎮一、前鎮二，以及苓雅喜捨、文化等四個和氣組隊的關懷範圍中。在前鎮與苓雅喜捨和氣組隊的規劃步入軌道後，再調配人力支援苓雅文化和氣組隊的家訪，從八月六日至十五日，實地走訪三十五個里、一萬八千六百三十二戶。（註）

甘苦領隊　匯聚善緣

逐戶家訪能順利進行，除了前置動線規劃完整，還須仰賴一群熟悉災區路線的「領隊」，才能帶領外地來支援的志工，走在正確的路上，加快家訪的腳步。住家離凱旋路氣爆地點僅一街之隔的志工李京芬，在災後不斷地問自己：「我到底能為鄉親做什麼？」

李京芬非常慶幸全家人能在這次災難中安然度過，所以當上人呼籲平安的人，要幫助受難的人，而啟動「人人慈善．安心關懷」時，她馬上承接了「領隊」的任務，同時也開始思考，如何讓不熟悉路線的外地志工，能夠順利地完成家訪。

「光是在家裡看地圖是不行的，一定要出去走一遍。」一旁的先生葉春林也是慈濟志工，好意提醒她。李京芬恍然大悟，顧不得牆上時鐘已指在十一點位置，迅速拿了雨傘、手電筒、原子筆，拉著先生的手便往外衝。

漆黑的夜空，還下著毛毛細雨，路上幾無行人，為了看清門牌號碼，葉春林幫她拿手電筒，讓她就著微弱光線，快速抄寫。「你們在這裡寫什麼？」兩位警察出其不意地從巡邏車上走出來，夫妻倆抄得太認真，一點兒也沒察覺有人靠近。

「警察先生，對不起！我是慈濟志工，不是小偷啦！因為明天要家訪，所以今天晚上先來了解動線。」經過說明，才化解了一場尷尬。

實地走過一遍之後，第二天的路線果然十分順暢；但也讓她發現大樓的門禁管制是急待克服的問題。為此，她透過人事幹事及志工的人脈，了解有哪些志工是居住大樓，再由其出面與大樓管委會協調家訪時間；她笑著說：「不管你原來是承擔什麼樣工作，家訪當天，該位志工就是當日領隊。」而這樣的運作模式，讓她們皆能順利完成家訪活動。

尤其是一棟位於重災區，素以門禁管制嚴格的大樓，當李京芬表明「安心關懷」的來意，大樓管理主任二話不說將大樓各樓層的磁卡交給她；李京芬謙虛地說：「這都是因為氣爆當天，志工前往大樓分送熱食結下的好緣。」

除此之外，她的先生葉春林是社區巡守隊隊員，而與社區各個大樓警衛非常熟稔，為了每一戶身處災區民眾都能接受到這一份「安心祝福禮」，他帶著家訪志工走進一棟從未有宗教團體進入的大樓，李京芬開心地說：「大樓管委會主委之所以會同意我們進入造訪，是真的感受到慈濟的誠意，也看到慈濟災後的付出。」

自氣爆以來，李京芬常在大街小巷穿梭，識與不識的鄉親看到她，都會主動跟她打招呼；她笑著說：「我只要穿著藍天白雲的制服出門，連

【人人慈善．安心關懷】

八月六日至十五日，慈濟志工共走訪35里735鄰，18632戶。

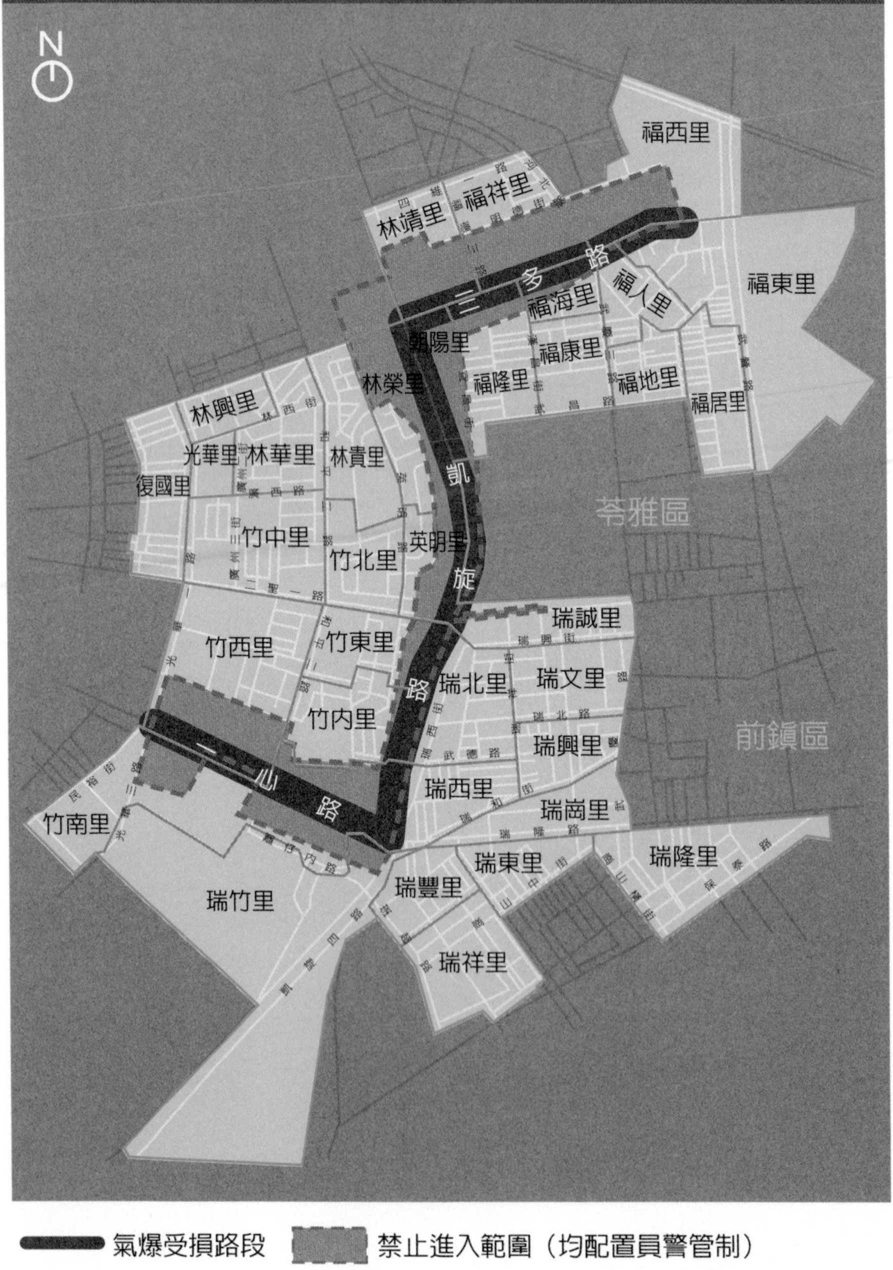

氣爆受損路段　禁止進入範圍（均配置員警管制）

七、八歲的小朋友看到我，都會大叫說：『菩薩來了！菩薩來了！』」因為承擔領隊的工作，她發現人與人之間不像以前那麼疏離，她更期許自己要捧著「誠」與「情」的缽，化眾生的緣。

【註釋】

關懷家戶預估數量是從戶政單位資料下載的戶籍數，經實際現場勘查後，實際居住的住戶數字，低於此預估數量。

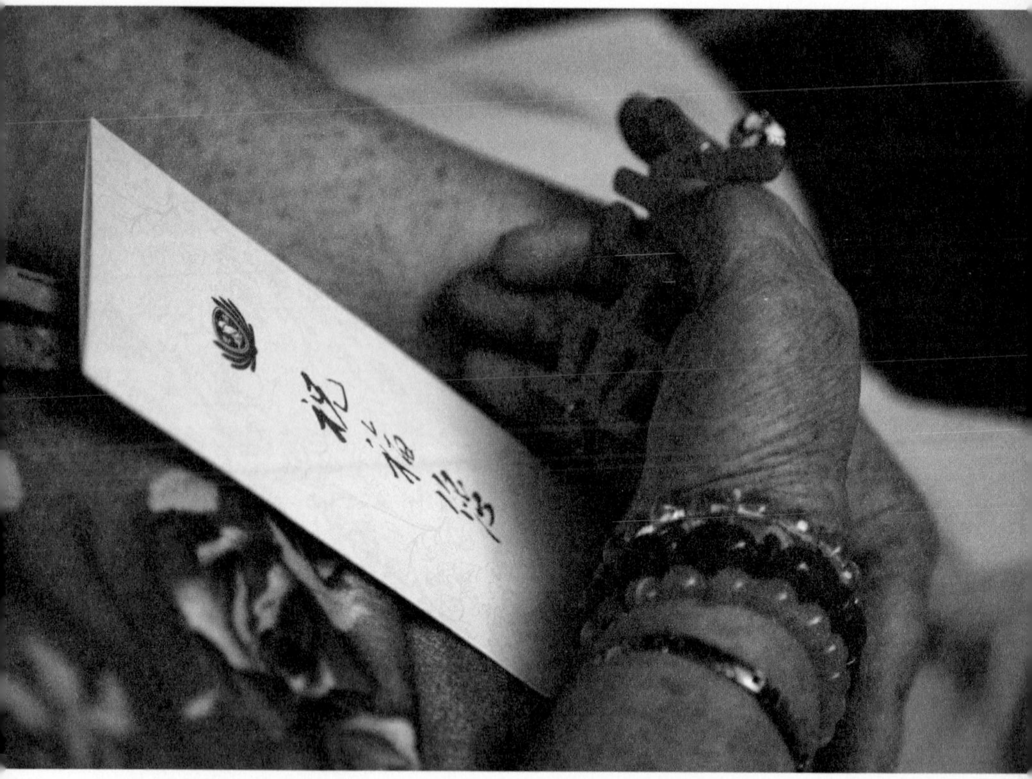

上圖：慈濟志工挨家挨戶展開「安心關懷」家訪，並送上平安吊飾及上人慰問信函予鄉親。（攝影／莊慧貞）

左上：為執行「安心關懷」，志工繪製地圖，並於救災指揮中心相互討論家訪路線、人員配置及注意事項。（攝影／潘昭雄）

左下：「安心關懷」家訪，文發處主任何日生(左)恭讀證嚴上人的慰問信，送上全球慈濟人的祝福。（攝影／林景河）

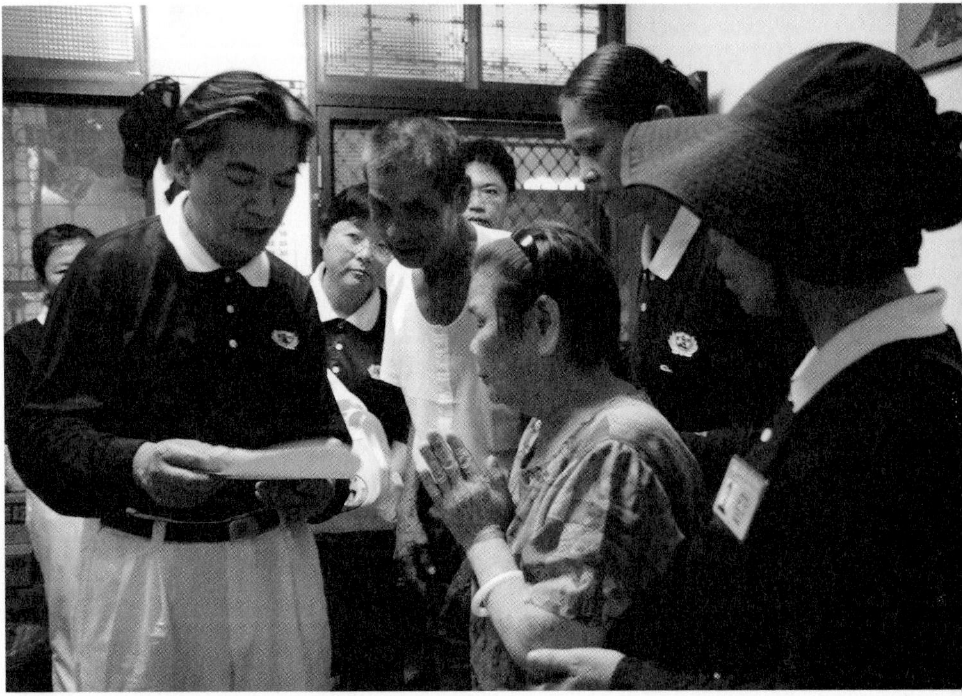

滂沱大雨中，慈濟志工不畏風雨，全體總動員往前鎮、苓雅兩區展開「安心關懷」家訪。（攝影／游錫璋）

15

第四篇

拔苦・説法

我們帶著安心祝福禮，到家家戶戶聊聊天，幫他們壓壓驚，表達我們的誠意。在房屋損壞的評估上，針對輕微的屋損，我們表達一分關懷；如果經濟不很好的，我們就放寬一點；重損再加上家庭困難，我們就再放寬。

除了孩子讀書需要的助學金，也要看家庭狀況，短期的生活需不需要補助？政府有補助多少？能補助幾個月？如果要做生意，生財器具有問題嗎？這就是我們常常說的——安心、安身、安生活；我們現在要做的是安心、安生活這兩項。

——恭錄自證嚴上人・二〇一四年八月七日～十五日開示

第一章

忍痛成長

文・賴睿伶

夏日的靜思精舍被暑氣團團包圍，新講堂裡，天花板上的風扇正呼呼地將空氣攪動著，一陣陣的薰風，驅走溽暑的燠熱感，卻驅不走每個人心中的焦急。

評估災損　當務之急

「第十四天了……」在花蓮總指揮中心，同仁每日焦急地等待，為的就是找出「災區究竟有多少輕度受災戶、中度受災戶、重度受災戶」的答案，這個問題從氣爆發生的第二天開始，上人即提出詢問，但是兩週過去，同仁卻始終答不出來。

「除了重災區一直封鎖，實在也是因為無法取得任何官方資料，作為屋損受災的評估線索。」在二〇〇九年莫拉克風災時，具豐富災後訪視經驗的宗教處同仁王慧芝認為，若還要有更多的家戶訊息，只能依靠第一線志工的訪視資料。

十三日下午，總指揮中心的電話響起，「已經進入重災區了！林榮里、朝陽里……各區的安心關懷家訪進度超前，志工走到了凱旋路上，靠近三多路的幾戶店家也都已經訪查。」半張A4大小的安心關懷訪查表，原本是要對沒有屋損受災，只是膚慰壓驚的關懷行動做紀錄，但現在表格上卻出現一個個重災區的地址，高雄宗教處同仁黃淑惠發現後，趕緊向花蓮回報，訪視的速度超前，造成另一波的緊張。

「我們不能擾民，要一次勘察、一次就定位，但是安心關懷的表格太簡單了，另一種訪視紀錄關懷表，才能確實地完整記錄。」葉秉倫擔心著，雖然叮嚀過，重災區的關懷不在第三梯安心關懷行動中，但意料不到的是，行走在災區的志工們，看到幾戶尚未訪視，循著門就去拜訪，但敲的門竟然是重災區居民家的後門，既已登門，只好拜訪；但最終寥寥的紀錄，卻未能實際呈現屋損狀況，人文真善美志工所拍攝到的照片，也未如實拍到屋損的畫面。

除了「從外向內推進」的最高訪視原則外，重災區的災戶受損評估，一直是「安心關懷」之外最重要的工作。葉秉倫記得稍早上人的期待，要能將屋損受災的評估分為輕、中、重三種程度，以給予三種補助，但是孰為輕？孰為重？還是要以務實的態度，以實地訪查，眼見為憑。

重災區的資料開始快速累積，參差不齊的記錄方式，得要趕緊一一核實。夜晚，黃淑惠和幾位志工，開著車再次勘察重災區，一一對門牌、對外觀，確認紀錄的完整性。

夜，愈來愈深，路還很漫長，每日數百人的行動，下一步究竟要往哪裡走？

直指盲點　調教練兵

十五日，晨間六點二十五分，吸入一大口早晨清涼的空氣，葉秉倫和陳祖淞提起精神，等候著上人從齋堂走回書房的廊道上，他們要在短短不到三分鐘的路程中，快速地向上人簡報前一日累積的訊息。八點十五分，趕在上人志工早會下殿前，葉秉倫再次與高雄前線通話，確定今日的規劃。自從氣爆以來，這兩個時段是葉秉倫必定要把握向上人請法的時刻，然而，上人也會趁此「抽考」，考驗指揮中心是否已經做到他期待的目標。這一日，上人彷彿下了最後通牒。

「大家要快，趕緊在下午連線前，把輕、中、重的戶數確認，也確定評估的標準。」葉秉倫趕緊對同在指揮中心的夥伴們傳達上人的指示。葉秉倫、王慧芝、王淑芬、陳祖淞，平日分屬在宗教處四個單位的同仁，再加上慈發處派駐在指揮中心的葉雅玲，以及文發處的賴睿伶等六人，現在成了共乘在小船上同舟而行的夥伴，在災區前線不斷傳送來的訊息波浪中，要隨時看準方向、穩定前行，一個訊息的判讀錯誤，都可能讓這小船翻覆。

翻出從高雄傳回的資料，眾多版本、多次的更新，從哪開始？剛加入團隊、曾在高雄社服單位工作的宗教處同仁李品萱提議：「不然，就從這幾天勘察的重災戶中調資料吧！我這裡有一戶三多三路***號的張大文先生的資料……」

「張大文？是開帆布店的嗎？還是鐵工廠？修車廠？」賴睿伶翻找著照片，始終找不到張大文的屋損照片；真善美志工拍攝的照片一向以拍攝者、拍攝日期建檔，而家戶名稱始終是附件裡的資訊，還需要翻找一番才能找到張大文。

「三多三路沒有***號的資料啊？」葉雅玲滿臉疑惑，在社服組所建的excel表格中，反覆地查找著，將搜尋的關鍵字鍵入三多「３」路、三多「三」路、「３」多「３」路，試了多種方法，終於找到張大文的資料……

「一個名稱鍵入的標準不一樣，就可能找不到，真是難找啊！果真如同上人說的，不自己做一次，真不知道困難在什麼地方。」三人摸索著各種線索，拼湊三方來的資料——訪視、志工日誌簡報、圖像資料，就是為了要完整地彙整成一個兼具慈善與人文、家戶資料與照片及溫馨故事的深度的紀錄，終於「湊成」一個、兩個、三個，而時間也不斷地流逝……

一個個案竟然要十幾分鐘才能拼湊出完整的資訊，慈發處同仁何玉惠與剛從災區回來的邱妙儒，直接來到指揮中心，討論一筆筆剛湊出的資料，判讀是屬於輕、中，還是重度受災。

「進度如何？」十點三十五分，上人無預警地來到指揮中心，一群人趕緊從座位上起身，端起筆記型電腦、拿起手邊的資料，準備接受驗收……

「如果不通過怎麼辦？」「沒有心思想，也沒有如果，做就對了！」心裡萬般忐忑，已經沒有時間做更多的功課，驗收就是隨時隨地都要做好準備。

終於，在緊急之下湊出的三、四個個案，上人頷首，但隨即又問：「助學呢？快開學了，需要學費補助者，要趕快評估補助；此外，做小本生意者，或是有些還在負債的人，雖然受損的店面不是他的，但也要安他的生活，要評估補助。」

「我們和政府的補助不一樣，針對安生活的補助，我們也要規劃。」此外，上人又指示，社服組的數據要表格化，以便下午連線會議時一目了然；針對受重傷者，要趕快慰問補助，並繼續了解與關懷……

給了一個答案，卻得到更多的問題，但這些問題，同仁事後往往都會發現，其實是上人早已提醒過的。「上人耐心地指導、一再地叮嚀，為什麼我們總是做不到位，總是讓上人操心？」雖然終於達成一點點讓上人稍微滿意的成果，但每個人的心中都有這個問題，更多的愧疚從心而生。

葉秉倫再次打電話給前線災區的謝景貴主任，告知上人的指示，也討論著下午三點的連線會報規劃。

評估輕重 應情入理

自從高雄氣爆發生以來，上人幾乎每日與高雄連線，再三地叮嚀指導、鼓勵感恩，從小小的螢幕裡傳到高雄的是上人慈悲的容顏，但殊不知上人自六月底行腳返花後，身體始終不適，再加上麥德姆颱風、澎湖空難，天災意外接連而來，上人的心與身都緊緊繫在眾生上。

「弟子杜俊元報告……」三點整，熟悉的聲音響起，兩個小時的連線，上人做出十一點指示，包含了即使各家戶已恢復瓦斯供應，但熱食要持續發放，為許多不敢煮食的民眾提供貼心的關懷；助學金要趕緊發放，讓孩子學業不受影響；各家的生財工具是否受影響，要持續評估；屋損慰問金的部分，若是分為輕、中、重，則規劃發給一萬、二萬、三萬元，但若經濟困難的家庭，二萬改為三萬，三萬改為五萬……

上人叮嚀，資料要整理好，要再複勘，讓資料更確實，同時也要關心心靈惶恐的鄉親。看著已經忙碌了兩週的志工們，上人感恩也再次勉勵，「這段時間大家分工合作，路線圖與分工都做得很好，每個人的心中雖然都很痛，但藉由這次的磨練教育，相信大家都成長不少，感恩大家用心用愛付出，但願之後能更加合和互協及戒慎虔誠。」

十六日，總指揮中心依據兩日來的彙整，終於訂下輕、中、重度災損的標準。

一、輕度：不影響生活起居的部分，如：玻璃、鐵皮等受損。

二、中度：影響出入

三、重度：影響生活起居

雖然已做了規劃，葉秉倫的心中還是覺得不太踏實，總是擔心著漏掉哪些家戶，或哪條巷子沒有走訪，再加上「輕、中、重到底分別有幾戶？」這個問題，始終如巨石壓在心頭，無法放下……而謝景貴從災區打來的一通電話，印證了他心中的焦慮。

「紅色重災區分成三天已走訪完畢。」從謝景貴那裡聽到好消息，葉秉倫總覺得事情可能沒這麼容易，果然……謝景貴語氣稍頓，接著把他對於這三天在重災區勘察的結果，緩緩地吐出：「估計還要幾天才能將重災區主要幹道的輕、中、重戶數統計出來。」

「還要幾天？」腦中充斥各種訊息的葉秉倫已經難以判斷。時間來到八點三十分，上人剛從主堂結束志工早會，經過總指揮中心時，葉秉倫回報五分鐘前剛剛獲得的訊息。報告後又繼續和團隊討論，如何避免名單疏漏、如何更踏實，「需不需要和區公所的資料比對？要不要再安排資深志工實地複查？不在家者的回訪怎麼進行……」好多工作需要立即展開。

千頭萬緒之際，十點多，上人再次來到總指揮中心，似乎看出同仁心底的慌亂、處理事情的章法不足，上人要所有同仁坐下，神態嚴肅地提醒大家……

親力親為　培養實能

後來，賴睿伶不時想起那天的場景及上人的叮嚀，「那個早晨，天氣很好，上人的聲音很嚴厲，我不敢直視，只是低著頭不斷地打字，希望能將每個字句叮嚀無漏地記錄下來，也刻在自己的心版裡。」

十月十九日，距離氣爆已兩個半月之久，總指揮中心團隊邱妙儒、陳祖淞、王慧芝、賴睿伶在同仁研習營中，分享當時上人的叮嚀，上人的忍痛教育（註），上人要給志工、給同仁的磨練，句句透顯出來的盡是慈悲與智慧。

同仁們分享：「上人說，指揮中心不要只會指揮、不會做事，一定要邊聽邊做，哪怕只是紙上練兵也要做。要學會人人都有功能，不可以永遠靠當地的人蒐集彙整資料，也不可以只有陪聽、陪看而不動手做，高雄陸續傳資料回來後，本會同仁就要趕快建檔。」

「不要只有指揮沒有功能，大家不是在這裡學指揮，人人都在指揮就亂了。」上人殷殷叮嚀，「希望大家要學會發揮功能，學會遠距離怎麼去感受，鏡子貼得近，不一定看得清楚，離遠一點，說不定看得比較清楚；不是鏡子要拿遠一點，是要有個距離，才看得出自己來……」

八月十六日下午兩點半，第一筆七十八戶資料回傳，圖、文、家戶資料一一收到，總指揮中心開始比對，建立成資料庫；下午四點半，大批翻拍資料回傳，總指揮中心動員同仁展開校對，一頁頁、一疊疊，同仁們如在大考中心的闈場般，謹慎地處理每份資料。每一張用手填寫的滿滿訊息的表格，是志工們不顧疲憊、雨中奔波的成果，而這也是鄉親願意敞開心懷、分享感受、接受幫助的開始。

同仁們愈看愈是感動，謄打記錄時，彷彿自己也走在三多三路上，走進一戶屋損的人家，在女主人娓娓道來驚惶的泣語後，慈濟人的款款溫暖，女主人的破涕為笑，分別前與慈濟人的相擁溫馨，躍然紙上，透過指尖敲打進入電腦，也進入每位同仁的腦海中。

【註釋】

「忍痛教育」源於二〇一四年六月證嚴上人行腳高雄期間，針對環保事項所提出。八月二日，上人對花蓮本會總指揮中心的主管與同仁開示，再次提及「忍痛教育」，期待大家要用心、細心、多承擔，重重地接受磨練；有錯誤、疏忽不要覆藏，彼此坦然，才能互相改善。

我聽到有鄉親說：「氣爆聲音不可怕，哀嚎的聲音才可怕！」聲音還在他的心裡揮之不去，可見需要心理膚慰的人，應該是很普遍。

「福富足妙音」有〈祈禱〉，希望鄉親天天聽、天天虔誠祈禱；〈無量義經偈頌〉是最好安身心的偈文，教他們寬心，放下煩惱；還有師父的祝福，希望大家安心。

——恭錄自證嚴上人・二〇一四年八月十五日~二十四日開示

第二章
妙音傳法

文・廖右先

火車倏忽駛進了山洞，車窗外瞬間變成一片漆黑，卻清楚地映照出一張清瘦的臉龐——陳祖淞，他乘坐的火車行駛在北迴鐵路上。同樣是經由北迴鐵路，他不忘當初從馬來西亞離鄉背井來到臺灣花蓮時的情景，也不忘心中所立下的宏願，更不忘上人對他的殷切期待。

上人的期待，促使他勇於承擔。此刻，他正要前往桃園靜思堂；為了高雄氣爆受災的鄉親盡一分心力，也希望讓上人能夠及早安心。

落實慈悲　磨心練功

由於高雄氣爆事件，他第一次進入慈濟花蓮本會的總指揮中心參與工作，深刻感受到與時間賽跑的壓力，尤其那一天早上，聽見了上人對氣爆受災鄉親的不捨，以及對同仁深切的期盼，更加堅定他渡海來臺的初衷。

八月十六日，高雄「人人慈善・安心關懷」的訪視行動甫告段落，陳祖淞在花蓮總指揮中心的辦公室裡，正忙著彙整從高雄傳回來的各項行動成果，完全沒注意到上人已經走近。而一向負責主持花蓮、高雄兩地連線會議的宗教處同仁葉秉倫，已先行迎上前回答上人的詢問。

陳祖淞連忙隨著大家站了起來，眼睛的餘光瞟了一下時鐘，心裡默默算著，距離剛剛上人問過高雄的情況還不到兩個小時，上人竟又從書房走出來關心，顯然是相當關切那些房屋受損的鄉親、需要助學的學生、生計受影響的家庭等等，想知道大家是否已經擬定好了援助方案？

葉秉倫說明，目前資料都在高雄，當地的同仁還在與志工們一起努力，要把長達一週的訪視結果給整理出來，才能針對實質屋損的鄉親進行補助評估。

上人聞言，立即對著這一群年輕人直述了心裡的憂急，「現在要評估幫助的，有受驚的範圍、還有助學、屋漏、醫療……不能都靠高雄做，可以同時請高雄方面傳資料回來，我們一邊幫忙整理、一邊評估。要鍛鍊自己的能力，不要只是陪著看。」上人勉勵同仁們要從事務中去磨練做事的能力，而且要對鄉親們的需求、前線志工任務的繁重，多一點同理心。

感受上人的深切期待，陳祖淞自我檢視，打從走進總指揮中心開始就絲毫不敢懈怠——每天晚上九點四十分，靜思精舍止息板聲響起，他常常是最後一位離開，回到寮房後還得繼續接收訊息直到深夜，而在隔天凌晨四點睜開眼睛後，第一個動作就是打開電腦整理資料……如此周而復始，只想扮演好一個螺絲釘的角色，讓團隊運作順暢。

然而，上人方才的一席話，讓他突然明白了：「這一次氣爆，不只是任務，如果要當成使命，就要勇於主動承擔，並把事情的每一個細節都做好。」

想到這裡，陳祖淞打開抽屜，拿出一個掌心大小的黝黑球體，一邊端詳著這一臺含有晶片的音樂播放器，一邊回想著前一天，上人要為受氣爆影響的鄉親們安定心念的想法。

災損有形　心惶無形

「他說，爆炸的聲音不可怕，哀嚎的聲音更可怕。」上人聽著臺中慈濟志工呂清音報告高雄鄉親的心聲，微微頷首，若有所思。

呂清音在「人人慈善・安心關懷」的訪視工作中，接連幾日從滂沱大雨持續走到了豔陽高照，從外圍一直深入到重災區，凱旋路上仍然圍著一圈圈的黃色管制線，每一處路口都站著靜默的警察，呂清音路過沉重的拒馬時，不由自主地望向拒馬後方的壕溝——原有的柏油路面雖已不見了，但城市無處不在的蒸騰熱氣仍浮著不真實的蜃景，此刻在她的腦海中，也一直迴盪著陳先生那真實的心聲。

「我才剛和房東簽了約，竟然就發生了氣爆！」陳先生和太太經營鋁材加工，兩人打算趁著年輕時放手一搏，卻沒想到老天和他開了這個大玩笑——暗夜裡的轟天巨響，陳先生驚惶地探頭往窗外看，眼前的情景讓他幾乎嚇傻了——「馬路怎麼不見了？」隨後連續的爆炸聲將他拉回到現實，他趕緊往樓下衝，想要架一只梯子讓外面的人能爬上來，躲進他的家，但是突然一個猛烈的爆炸，震得他無法再往前，他清楚地聽到很多人在喊救命……「師姊，妳知道嗎？那哀嚎聲比爆炸聲更恐怖，那一聲聲的哀嚎，我到現在都還忘不了。」陳先生的話一直縈繞在呂清音的心中。

八月十五日，呂清音在志工早會雙向連線時，重述了陳先生的哀戚，志工們聽得心都揪了起來，上人也隨即開示：「重災區還有很多人無法宣洩害怕，無法說出驚嚇，許多人還在擔驚受怕中，我們要用一個方法，普遍讓這一回受驚的人，讓他們把這一口氣宣洩出來，給他們長久的安心，和他們牽起好緣。」當大家都著眼於怎麼幫忙民眾的有形災損之際，上人把關懷的範圍拓得更廣，希望所有鄰近氣爆區的鄉親們，無形的心靈驚惶也都能得到安撫。

志工早會之後，上人向花蓮總指揮中心提出「用音樂與〈無量義經偈頌〉」給鄉親的構想，並於下午與高雄的視訊連線會議中再次提及：「有人說，音樂也能治療心靈疾病，加上《無量義經》裡面的經文，對心理應該也有幫助。」

當大家聽見「用音樂來安撫心靈」的想法時，有同仁建議應用佛教徒常用的「念佛機」，小小的體積可以內建佛號聲或佛教音樂，讓人隨身攜帶，播放清雅悠揚的樂音來幫助自己專注、安定心神。陳祖淞自告奮勇，主動詢問精舍裡的師父們，找來各形各狀、大小不一的念佛機或是音樂播放器，並統統陳列在桌上；許多人走近過來看，陳祖淞也一一詢問大家的選擇與意見，發現其中由一位師兄剛從深圳帶回的音樂播放器最受青睞，而這一個狀似木魚、小巧精緻的播放器，也恰是上人屬意的選擇。

與時賽跑　眾緣成就

聽見了上人對同仁的殷殷期許，陳祖淞看著手中的播放器，感受著氣爆以來上人對鄉親的不捨與懸念，掌中的輕巧機器彷彿瞬間增加了許多重量。他拿起電話，找到了深圳慈濟志工葉碧峰，請她就近協助尋找製作這個念佛機的廠商——畢竟想要給鄉親一分「安心」，還有很多工作要進行，陳祖淞加快腳步，要與時間賽跑。

「〈無量義經偈頌〉有五首曲目，加上〈祈禱〉、〈愛與關懷〉與兩段上人開示，九段音訊內容總長度約五十六分鐘，播放器可以容納得下嗎？」八月十七日，陳祖淞聯絡上了廠商，詳細了解播放器的規格，確認播放器內建的晶片，剛好可以裝下所有樂曲與開示內容，而工廠恰好也有三千個播放器，可以先提供給慈濟使用。為了爭取時效，陳祖淞趕緊把曲目檔案都傳送過去，還特別請葉碧峰待在工廠，確認所有曲目都能完整播放，才請廠方正式大量製作。

「製作已經上軌道了，運送也已經安排了，那志工們又該怎麼把這一份結緣品，送到鄉親手上呢？」白紙上，陳祖淞一筆一筆寫下準備播放器的流程，推演到發放時，總覺得要志工手中掛滿播放器走在路上的場面極不協調，「總該有一個包裝，符合播放器本身的典雅與精緻，卻不能過度包裝……」

他曾想用雪紡紗製成的透明紗袋來盛放播放器，不僅讓志工容易攜帶，也讓鄉親方便收納；又覺得軟質紗袋的顏色多種，與黑色的播放器所呈現的素淨質感稍有落差。正感舉棋難定之際，救星翩然而至。

曾經從事廣告業與建築業的桃園慈濟志工李志成，對展場與商品設計美感就有獨到見解，也曾為慈濟志工使用的結緣品設計外包裝，獲得許多讚賞。八月十八日，李志成因事來到精舍，上人便將眼前的難題交給他。

「這是很難的，慈濟講究環保，包裝又要紮實，一般業界要做到這樣的要求，就得層層包裝，工序繁複。」李志成接下任務，直言這是幫慈濟做各種設計以來，最難的一次，「不僅是設計要精準，零點一公分的浪費都不能出現。盒子不大，越小的東西就越難做。」

再困難的設計，也沒有阻礙李志成想為鄉親付出的心，他聯絡了長期配合的五位年輕人，有人負責修圖，有人負責聯絡印刷廠，有人專送樣本……甚至連教志工如何摺紙盒的簡報都有人做。團隊合作下，三天之內就完成了設計，他笑言：「這種案子，在一般業界得花兩個星期做啊！」

難，不只是在毫釐之差的精準度，更在如何傳達慈濟人的祝福心意，設計之初，李志成心想：「慈濟的結緣品，不是一般喜慶的喜餅，但又要在災難之後，帶動一些節慶的喜氣，沖淡他們的憂慮？」思來想去，李志成決定應用「圓」的概念，不僅是時近中秋而家戶團圓的想法，更是希望能夠注入人圓、事圓、理圓的精神。李志成衷心希望，透過設計結緣品的盒子，能夠讓鄉親們感受到慈濟人的祝福心意，「我們要引導他們離開災難後的憂傷，更要像上人說過的，做到『苦既拔已，復為說法』。」

波折考驗　經驗學習

當得知李志成已經完成包裝盒設計，只待印製出來就可以交給志工摺疊成形時，陳祖淞直呼：「有願就有力！」從他主動承擔籌辦播放器開始，適時被送到精舍的樣品、工廠剛好有足夠的機器庫存、有深圳志工可以幫忙確保燒錄品質，甚至連外裝設計都有李志成來幫忙……每一個環節似乎有一股無形的助力在推動著。

當陳祖淞向上人與總指揮中心回報籌辦進度後，上人特別指示，先送五十個已經製作完成的播放器回花蓮，同仁得先自行檢查。他馬上想到，正好有同仁在深圳出差，可以幫忙把成品帶回來。

「師兄，那五十個播放器我已收在行李箱帶回。但是有一個狀況，就是播放器所附的電池，根據航空貨運規定，沒辦法上飛機喔！」陳祖淞接到同仁的回覆，眼睛瞪得大大的，趕緊上網查看航運規定，心裡登時涼了半截，「原來電池沒法跟著機器透過空運回來，少了電池，就沒辦法送給鄉親了！不行，現在一定要另外想辦法。」

陳祖淞趕緊查詢可以專送電池的貨運公司，一一打電話詢問，務必要把三千個電池趕在八月底前送到高雄，因為志工已經規劃好，要從八月二十八日起進行屋損祝福金的發放，還要同時致贈這些播放器，給鄉親們長久的安心。

已是箭在弦上，陳祖淞的心情卻隨著一次又一次詢問結果而低落，貨運公司的答覆，不是貨運到港時間難以配合，就是櫃位已滿……身旁同仁看見他額頭上的冷汗流了又乾，乾了又流，不禁提醒著：「不要自己悶著做，打給志工討論看看，他們經營事業總會有類似情況，有很多經驗可以借鏡。」

一通電話，又打給了葉碧峰。她溫言分析著，「貨運船期無法配合，自然是沒有辦法；但是如果是貨運公司櫃位不夠，卻有努力空間。畢竟，只需要處理電池，總體積應該不成問題。」果不其然，在葉碧峰幫忙聯繫下，不一會兒就找到了貨運公司可以代為處理，時間也剛剛好趕得上發放。

問題解決了，陳祖淞內心充滿著感恩，不僅僅是大家齊心協力來面對困難，更因為上人的提醒，才能提早發現問題，不至於讓播放器因為缺了電池而無法運送。他想到自己第一次進入總指揮中心，許多經驗不足的地方，也都有人相互扶持，「慈濟就是要『做中學』，時時掌握進度、關照細節，我又有什麼好害怕承擔工作呢？」

愛心串聯　傳遞溫情

火車駛出了山洞，光線再度照亮了整個車廂，電話訊號也滿格了，陳祖淞低頭檢查嗶嗶作響的手機，一封簡訊傳了進來，「桃園靜思堂已邀約志工來摺紙盒，目前一切順利，人人法喜。」

八月二十五日下午，陳祖淞前往桃園，要陪伴當地慈濟志工完成播放器的準備工作。在志工們把紙盒都摺好備用的同時，陳祖淞下了火車就直奔桃園國際機場，親自領取第一批寄來的播放器，交付給臨時成軍的「組裝組」組長江春霞。

向來負責桃園區竹筒製作的江春霞，被視為完成這項工作的最佳人選，她仔細研究過播放器的說明書，把摺電線、包裝等等程序都設計成動線，讓志工可以各司其職，除了增進效率，更有專人負責播放器的「品管」。本身從事飛機維修的志工紀明和，特地前來幫忙，看到有幾個播放器被志工檢查出不能正常播放，便主動找工具來維修，他打開機器仔細檢查，發現只是電線沒有安裝好，「看一看覺得不是很難，能盡一點力量，覺得很開心。」

想為高雄氣爆受災鄉親盡心力，幾乎是這一百九十六位桃園志工的共同心聲，他們沒辦法親自前往高雄為鄉親打氣，就把握機會來到靜思堂，親手把誠摯祝福都包裝進去。志工劉家媜與哥哥一起來幫忙，「我們在桃園，他們在高雄，距離有點遙遠，但是可以就近幫忙，盡一分心力，把溫暖送給他們。」

二十六日晚間，一輛專車從桃園靜思堂出發，載著第一批包裝完成的播放器直送高雄，讓陳祖淞心裡鬆了一口氣——這一回愛的接力，第一棒總算順利起跑，而第二棒也早已蓄勢待發……

隔天一早，臺中慈濟醫院院長簡守信率領主管、近兩百位醫護、醫技、行政同仁及社區志工，準備使用與大雅區農會契作的小麥麵粉製作健康月餅，獻給高雄鄉親。「每逢佳節倍思親。」簡守信引用詩句，向前來做月餅的同仁們說明，鄉親們或許忙於恢復氣爆後的生活秩序或種種複雜思緒尚待梳理，可能無心準備過一年一度的中秋佳節，因此這回發動「可能是史上最大規模的醫護人員」來做月餅，正是一分心意的展現。

同仁們先前就已經聽過簡守信分享於氣爆災後在災區的見聞，也有同仁已經報名即將到來的高雄氣爆關懷行程，但更多得堅守醫療崗位的醫護人員們，選擇利用排班空檔來付出。一時間，麵桿齊動，人人顧不得額頭上滲出汗水，雖然不是專業糕餅師傅，卻更用心地照著臺中慈院總務室營養組所研發的月餅食譜，一個步驟接著一個步驟如實操作。

月餅以契作的有機小麥做為主要原料，製作成天然麵粉，將素食常用的香椿醬，調成鹹甜口味的香菇、綠豆沙內餡，取代傳統口味偏甜的豆沙或麥芽，透過兩百度高溫烘烤十五分鐘，製作出酥脆、口感兼具的低糖、低油月餅。

簡守信不改幽默，改編了歌詞，大力推薦：「這個月餅，這個月餅，師父吃過，上人誇過，醫護人員層層桿皮過。」原先，這個愛心月餅是臺中慈濟醫院同仁，為了感恩慈濟志工而製作，也送到花蓮靜思精舍給大家品嚐，當時，上人試過口味，就詢問簡守信是否可以擴大愛心，把月餅也分享給受氣爆影響的高雄鄉親們。

當一萬兩千個月餅熱騰騰出爐，簡守信與同仁又忙著摺月餅盒，由李志成設計的月餅盒有二十二折，大家一一貼上雙面膠、組裝後才成形，最後放入月餅與臺中慈院祝福卡、靜思語，讓這一份手作心意，精緻且溫馨。

心安能靜　真福富足

八月二十七日，陳祖淞跟著桃園支援發放的志工團隊南下高雄，經過了將近一個月的行政作業，他終於親自來到了「前線」——靜思堂內，志工們來來往往，穿梭如織，很難想像他們已經忙碌了這麼久，臉上卻依然掛著笑容。

他放下行李，第一件事就是去檢視從桃園與臺中專車送來的播放器與月餅。眼前的播放器，上人已正式命名為「福富足妙音」，月餅則稱「福富足月餅」。他拿起一個月餅盒，赭紅色的盒子透著節慶歡喜卻不喧鬧，正面書有「人圓」兩字；中央一個大大的圓形是中秋圓月，月中有竹影婆娑，取「竹」的國語諧音「足」，並與閩南語諧音「德」字相映。

陳祖淞端詳著盒子裡裡外外，無一不是慈濟人誠摯祝福的心意。他思忖著八月二十四日那天，上人為大家說明，這一次為鄉親發放屋損祝福金及致贈「福富足妙音」、「福富足月餅」的行動，總稱為「安心福富足」的用意。

「請慈濟菩薩們帶去我們的祝福，去安鄉親的心，告訴他們不要怕，告訴他們本來就是很有福的人，有福就能生財，就會富有，所以他們是有福又很富足的人。」

這一場愛的接力，已持續了快一個月，但有許多慈濟人都像陳祖淞一樣，其實是扛著使命，從第一天起就和時間賽跑著過來的，大家不喊「辛苦」，而說「幸福」。正如同「福富足妙音」與「福富足月餅」外盒所印的靜思語：「知足最大富，感恩最大貴，善解最大智，包容最大慧。」

受驚害怕的人還是需要陪伴。「安心福富足」的活動，需要全臺資深的菩薩會合起來，如何讓我們的誠正信實，以及至誠待人的真情，能與鄉親們交會；讓他們看到人間的好人，就如見到菩薩一樣。希望鄉親能從「驚世災難」中，轉變為「警世覺悟」的人。

——恭錄自證嚴上人・二〇一四年八月二十八日開示

第三章

心安有福

文・吳碧珠、蘇慧智、張晶玫

高雄氣爆，讓所有的人都結結實實地面對了「無常」；然而，從氣爆的那刻起，全臺慈濟志工大串聯，以恆常的身影，不間斷地提供熱食、醫療關懷、急難救助；一心一意地告訴受難的人：「我們在這裡，一直在這裡。」

災難的復原工作千頭萬緒；傷亡的痛楚難以抹去，但是受災的人們卻顯得異常冷靜而有序……志工們知道那巨大的驚惶失措，其實像巨大的土石流，正悄悄地啃噬心靈。

傷痛凝結　妙音解苦

八月底，災區的復原工作已逐漸步上軌道，傷口看似結痂，卻仍隱隱作痛，二十八日到三十日，超過四千人次的志工再度大動員走入災區，從三信家商、樂群國小、英明國中及前鎮慈濟聯絡處預定地等四個地點出發，針對之前的訪查紀錄，全面地毯式的進行複查，並發送祝福金和祝福禮。

烈日當頭，慈濟志工關懷的腳步不曾停歇，他們的身影分明地斜照在發燙的柏油路上，一路從災區外圍沿路走到柔腸寸斷的氣爆現場，手裡小心翼翼地提著牛皮紙袋，裡頭放著的就是「福富足妙音」播放器及來自臺中慈濟醫院醫師、護理人員親手製作的「福富足月餅」。

「從氣爆發生以來，我一直都沒辦法安心睡覺；現在外面工程的聲音到處響，讓我連在家裡也不能安穩。」住在重災區凱旋三路的許女士一見到慈濟志工，忙不迭地訴說著心裡的糾結，志工取出「福富足妙音」輕輕地播放按下一個鍵……「驚世災難，要有警世的覺悟，人，一定要把這一念心，好好地照顧好，法在心中，人與人之間，要趕快啟發彼此愛的互動。」聽到這個像木魚的播放器流瀉出證嚴上人的聲音，她愣了好一會兒，低下了頭、縮起身，緊緊地握著播放器，然後嚎啕大哭了起來，志工輕輕撫摸著她的背，安靜地讓她宣洩情緒。

〈祈禱〉、〈愛與關懷〉、〈無量義經偈頌〉一首首心靈寄託的歌曲，不斷地在四周迴響著……許女士慢慢地將頭抬起來，帶著淚痕向志工一一道感謝，志工的心緒隨著許女士的心情忽上忽下，看到她恢復平靜的情緒，心中的石頭也慢慢放下。

樸質阿嬤　念純情真

「阿嬤！阿嬤！您在家嗎？」慈濟志工林雪珠站在門外喊著，老舊的大門明明是敞開的，卻不見許張切阿嬤阿嬤的人影，不過，大家完全沒有要放棄離開的意思，終於看到七十九歲的阿嬤顫危危地從房內扶著牆走出來，她招呼著大家進來坐；志工們圍著阿嬤坐了下來，狹小的客廳馬上變得十分熱鬧。

「阿嬤，那一天氣爆，您有沒有被嚇到？」林雪珠問。「沒有嚇到，但是聽說有一間店發生火災，我一直聽到爆炸的聲音。」提到氣爆這件事，阿嬤的語調不像剛才招呼志工時那般熱絡，顯得特別平淡，也不太想多談。林雪珠刻意轉移話題，關心起阿嬤行動不便的雙腳。「我是長短腳，走路都要拿著雨傘撐著走，我的腳底整天都燒燙燙的，整個身體都在痛，醫生說我的骨頭退化，有風濕，沒辦法啦！」談到身體上的病痛，阿嬤雖然感傷，卻打開了話匣子，林雪珠揉揉阿嬤的膝蓋，拿出「福富足月餅」送給她，正值中秋前夕，是最應景的中秋節禮物。

「這是慈濟的院長自己做的喔！」林雪珠打開包裝精緻典雅的紙盒，遞給阿嬤兩顆自然又可口的純手工月餅，「真的嗎？院長這麼厲害！」阿嬤看著月餅有點不可置信；「我們請慈濟的師父來家裡了喔！」林雪珠一邊說一邊拿出「福富足妙音」，雙手還捧著月餅聞香的阿嬤睜大了眼，專心地看著林雪珠手中精緻的「木魚」。

輕輕地按下一個鍵，阿嬤沒想到這只像黑檀木般的木魚竟然響起上人的話語——「這一次我接到這樣的訊息，都是好心疼啊……」林雪珠一邊調整播放器的聲音，一邊教阿嬤如何操作使用，聽著聽著，阿嬤突然若有所思地指著「福富足妙音」說：「剛剛師父跟我說話，我沒有先和師父問好。」林雪珠聽到她這麼說，不禁莞爾一笑：「我轉小聲一點，讓妳和師父說話。」她將「福富足妙音」交到阿嬤手中，所有的人都靜靜地等待著阿嬤。

「師父啊！您好，我是張切……」阿嬤對著「福富足妙音」輕聲說著，卻突然停了半晌，哽咽地說不出話來，她想控制情緒，卻忍不住不斷滴落的淚水，這段時間的擔心害怕，全都一下子湧上心頭，「師父啊！感恩喔！您這麼忙，還讓您來關心我、疼惜我，謝謝您啊！」阿嬤含著淚水說，一旁的志工們也都忍不住跟著鼻酸、紅了眼眶，「阿嬤，您不要傷心，這個『木魚』叫做『福富足妙音』，您只要天天聽這些音樂，心情就會安定，心安就會感受到福氣，生活就會感到富足，要天天祝福自己喔！」林雪珠告訴她「福富足妙音」的意思。

突然間，阿嬤站起身來往房裡走，大家面面相覷，也不好意思過問，沒多久，只見她從房裡扶著牆慢慢地走出來，手上還拿著一個小小的罐子，她將裡頭的一點紙鈔及零錢交給志工，她說：「我沒有錢，只有這些我平時存下來的，請你們幫我帶給師父去救人。」

志工歡喜收下，誇讚許張切阿嬤是個富足而有福的人，離去的當下，阿嬤拄著傘送志工到巷口，揮手道別，直到志工的車，消失在她的視線裡，才轉身走回去。

奔走月餘　由疏而親

前幾天連續的大雨讓街道變得泥濘，坑坑洞洞的路面到處都是一窪窪的泥水，在豔陽的照射下，清晰地倒映著慈濟志工走在大街小巷的身影；他們沿著工地圍起的鐵絲網邊緣，繼續向前走著……

大家汗水淋漓，歷經一段崎嶇不平的路，好不容易找到了正確的門牌，來到洪阿伯的家，四周充斥著挖土機、電鑽機的刺耳聲音，揚起的漫天灰塵，就像洪阿伯這幾天來的心情，「雖然家裡沒事，但是心裡很煩躁，想到前面的十字路口處有九個人往生，胸口就像被大石頭壓著。」原本走進走出，無法安定下來的洪阿伯一股腦地向志工一吐多日來的煩悶。

慈濟志工周守一拿出「福富足月餅」說：「這個月餅是醫生、護理人員親手做的，給您吃平安、吃健康喔！」洪阿伯一聽到「吃平安」，隨即坐了下來，仔細地聽著志工介紹月餅的由來和「福富足妙音」傳來的音樂，一首接著一首，洪阿伯一直靜靜地聽著，完全忘了他正要出門做的事情，「聽這個音樂真的可以『壓驚』喔！」洪阿伯滿懷驚喜地說，彷佛心事直直地被猜中了般，既歡喜又不可思議，一股安定的感覺，湧上心頭。

知道志工們將往下一戶人家拜訪，他熱情地幫忙到鄰居家按門鈴，等到鄰居出現了，他才依依不捨地和志工們揮手道再見。

整整一個月，慈濟志工行在大街、走在小巷裡，陪著受難的人一起落淚，也和重新振作的人一起歡笑，這樣的過程，志工吃過閉門羹，但更多的是接收到大家對慈濟的善意和肯定。

一位王先生就默默地在一旁觀察著志工，他發現慈濟志工很有耐心，如果按門鈴後沒有人在家，志工仍然會鍥而不捨地一再來訪，這樣地來來回回讓王先生很感動，他想：「如果是其他團體，很可能早就放棄了。」有一次王先生趁著志工來訪時，親口告訴志工：「我的捐款都要捐給慈濟，因為我親眼看得到慈濟在做什麼。」

八十歲的陳阿公因為糖尿病截肢，雙眼也盲了，氣爆當時，所有左鄰右舍都往街上逃，正當睡夢中的阿公由外傭攙扶到樓下，暗夜驚爆連連，他不知道自己能夠逃到哪裡，只好再回到唯一可以棲身的家，一切只能聽天由命。「我也想像你們一樣做善事，但是我是心有餘而力不足啊！」陳阿公悠悠地和前來關懷的志工說：「我以前還沒瞎的時候，看過上人的照片，也看過『大愛』電視臺，現在……」志工安慰他說：「阿公，您每天都聽聽『福富足妙音』，裡面有證嚴上人的祝福，還有聽了會讓人安心的音樂喔！」志工將阿公列入長期關懷的名單，希望用愛打開阿公的心窗。

人醫慰苦　用愛療傷

「氣爆的聲音很大聲，我們根本無路可逃，真的是無路可逃啊！」陳水樹搖著頭，按壓著因為罹患喉癌氣切後，裝設在喉間的發音器，努力地告訴前來的志工那一晚的驚心動魄，他和每週須洗腎三次的太太在暗夜中逃難，卻不知能逃到哪裡？陳水樹透過發音器說話的聲音含混而細弱，很難聽得清楚，慈濟志工俯身傾聽，這時臺灣積體電路製造公司（簡稱「臺積電」）的人員正好前來幫忙他修復家中被氣爆震破的玻璃，他一時之間竟沉默了下來，望著家門口千瘡百孔的路面，及眼前這群對他伸出援手的陌生人，他的眼眶紅了，按壓發音器的手微微顫抖，好似緊繃的心，正因為這些無私的愛，正緩緩放鬆，放鬆……

全臺志工每天分百餘組在前鎮區與苓雅區逐戶關懷。住戶詹女士略帶不安地看著她眼前的慈濟人，這群志工來自四面八方，彰化的林素娟、高雄的陳紹志，還有嘉義大林慈濟醫院的林庭光、蔡坤維兩位醫師。

詹女士不太講話，直到知道林庭光是心臟科主任時，她瞪大了眼睛說：「你們怎麼會來看我呢？你們怎麼知道我很需要？」她撫著胸口，有些哽咽。林庭光傾身向前，專注地聽她說話。

氣爆時，正在浴室洗澡的她聽到兒子的喊叫，急急地洗完澡出來，還沒有意識到發生了什麼事，窗外的景象讓他們兩人驚得呆了，天空被火光照得通紅，馬路上的車輛全都突然靜止不動，緊接著，車子裡的人棄車奔逃，街道上聚集愈來愈多逃難的人。接二連三的爆炸發生，詹女士帶著兒子逃出屋外，撲面而來的濃煙及異味，讓心臟不好的她幾乎走不動，滿心的惶恐更讓她坐立難安。

「妳的心臟沒有太大的問題，最重要的是心情，妳的心要放寬，兒子才會盡快走出不安。」林醫師一直注意著眼前那個十分靜默的男孩，至今仍被氣爆的景象而驚嚇著，只要窗外有一點聲響，就會不安地走到窗戶旁探看、徘徊。

志工播放「福富足妙音」，當〈祈禱〉的歌聲傳出，那孩子雙手合掌，因緊繃而聳起的瘦弱肩膀，發出明顯的求助訊息——「我想要變得不再害怕，希望慈濟可以幫幫我！」

詹女士的淚水瞬間湧上來，她一直以為慈濟只關懷貧病，並不會關心像他們這樣生活無虞的人，志工來訪，她受寵若驚，之後又知道心臟科的主任親自來到她家，更覺得不可思議，又哭又笑地說：「我差點要以為慈濟人有著『未卜先知』的能力呢！」

〈祈禱〉的歌聲，和緩地傳遞著彼此的心聲，為「愛」與「被愛」之間搭起心橋，不安和恐懼在此刻輕輕釋放，互動中，詹女士明白，她不孤單！

再度踏進氣爆災區受創的土地，工程車進進出出，空氣中充斥著施工聲響，煙塵漫天，冷冷清清的街道上，看不見昔日的車水馬龍、熱鬧景象，卻讓志工有因緣將關懷的腳步走得更深入，跨得更寬廣，鄉親心中的陰霾終會隨時間淡去，而志工在鄉親心裡種下的溫暖，也會化作力量，眼前的一切，將會因心存善念而有不同結局。未來，慈濟志工將針對災區超過七百戶需要陪伴的住戶，持續進行中長期關懷，「藍天白雲」的身影，一直都會在。

在這麼長的時間裡，我們都沒有停歇過，這是一分很誠懇的付出，我們送上祝福金，要表達出慈濟的「誠」與「情」，讓鄉親體會到人間的覺有情。期待菩薩能淨化人心，而且希望對內不只是「法親關懷」，還要「法親呼喚」——呼喚人人行菩薩道要身體力行，多一個人的聲音，多一分呼喚的力量；多一人醒來，多一分祥和，希望高雄平安，希望天下平安。

——恭錄自證嚴上人・二〇一四年八月二十四日~二十七日開示

第四章
富足興家

文・彭鳳英、林淑懷、張晶玟

轟天巨響，強大的震波瞬間襲捲而來，凱旋三路上的住家玻璃及外牆磁磚應聲碎裂，氣爆的驚人高溫像條猙獰的火龍，吐出的火舌燒黑了屋子、燒融了電鈴和對講機，火龍竟然直接穿透厚重的玻璃落地窗，讓靠窗的物品無一倖免，全都焦黑一片。陳先生驚懼地看著飲水機、電腦、印表機、椅子，在他眼前全都不敵高溫而燒焦，他和家人倉惶逃難，丟下這個一輩子辛苦經營的家，氣爆整晚，他只能不斷地祈求上蒼：「求菩薩保佑，災難不要再擴大了。」

氣爆的威力掀掉了整條凱旋三路，原本平整的馬路成了溝壑，氣爆後，接連好幾天的大雨，溝壑成了大河，「河水」不斷沖刷建築物的地基，市政府緊急調來大型機具進行擋土樁工程，希望阻止災區再次受傷害，不要讓任何建築物倒塌……鎮日不停的大雨，加上鎮日不停的工程噪音，陳先生感慨地說：「真的是體會到什麼是『水深火熱』啊！」慈濟志工送上「祝福金」給陳先生，希望能舒緩他深鎖的眉頭。陳先生把「祝福金」拽在懷裡，像定心丸，更像收到菩薩的允諾，他告訴志工：「還好房子沒有燒起來波及鄰居，算是不幸中的大幸了。」

一片屋瓦　遮風擋雨

「謝謝慈濟的『祝福金』，不管是生活費也好，或是我現在的裝潢支出，正好解決了我的燃眉之急。」在凱旋路上開眼鏡行的王小姐癱坐在椅子上，擺放著昂貴眼鏡的玻璃櫃破了，鐵門壞了，地板上四散著物品，她六神無主，根本不敢想眼鏡行的損失究竟有多少，一旁的兒子正默默地收拾壞掉的鏡框；志工的手剛輕輕地拍著她的肩膀，她再也忍不住掉下眼淚，哽咽地幾乎語不成句地說：「怎麼那麼巧？慈濟真的知道我的需要。」又一次拜訪，慈濟人帶來的不只是關懷，更是依靠，還有一分來得剛剛好的幫助。志工趕緊抱抱王小姐，也覺得鼻頭酸酸的。

彭豔家的三樓，天花板上有個大洞，是氣爆當天，被炸飛的人孔蓋所砸破的，之後，彭豔就會沒由來地感到心悸、頭暈，因為人孔蓋砸下的地方，正好是她兒子床鋪的上方，「幸好兒子睡在二樓；還好他還沒睡，不然真的會嚇死。」她喃喃自語地帶著志工走到二樓，二樓天花板也出現龜裂情形，彭豔很想視而不見，因為那些痕跡在在清楚地刻劃著氣爆那夜的驚悚；而那不知從哪兒飛來的人孔蓋，雖然已由阿兵哥幫忙取下，但是她不敢隨意丟棄，就只能放在一樓牆角的椅子下方，黑沉沉的鐵塊像是無時無刻地提醒她，別忘了這個昏天暗地的「無常」。

氣爆後一個月了，彭豔家三樓天花板的大窟窿還沒修補；八月中旬下不停的大雨，沿著牆壁的裂縫，從三樓、二樓到一樓全都滲水、淹水，但要修繕完成需要時間，也需要一筆錢，僅靠自己一個人扶養兒子的彭豔實在無計可施，只好請工人先將三樓的窟窿鋪上防水布，卻起不了多大的作用，只要一下雨，她的家照樣每層樓都漏水，她每天仰頭看著大窟窿，心裡也像是被掏空了，「好累！我真的好累啊！」每天任由淚水爬滿她的臉，就像那下不停的雨水。

彭豔住在三多一路的巷子裡，雖然不是第一線面臨氣爆現場，但是那個從天外飛來的人孔蓋卻讓她變成「受災戶」，摧毀了她的家，也摧毀她的堅強。彭豔十多年前從中國大陸四川嫁來臺灣，之後和丈夫離異至今七、八年，靠著前夫留給她的神壇提供服務，換取微薄的謝金，有時也打工貼補生活費，獨力扶養唯一的兒子。彭豔天性有著四川人的熱情好客，鄰居們常在她家門口泡茶聊天，氣爆發生後，她的家門前也成為左鄰右舍交換氣爆訊息，以及彼此傾吐、打氣的地方。也就是因為這樣，氣爆發生後的日子，彭豔常常在家門前看到慈濟志工三天兩頭地探訪街坊鄰居，這奔走大街小巷的辛苦畫面讓她很是感動，她告訴鄰居們：「這些穿藍制服的人，在汶川大地震的時候，也幫助過我家鄉的鄉親呢！」

只是她沒想到，慈濟志工也來到她家了；當她知道志工帶來「祝福金」時，她的淚水再度潰堤，雖然祝福金不多，但已足夠應急，破損的屋頂整修後，她和兒子就可以慢慢地重拾往日的生活。她拭去眼淚，收下祝福金，然後露出憨憨的笑容問著慈濟志工林燕琴：「我明明看到慈濟志工就特別歡喜，我應該要笑，怎麼反而特別想要哭啊？」

「因為我們有緣啊！妳不會是一個人孤軍奮鬥的，有任何困難或需要，都可以來找慈濟志工，我們會盡力幫助妳的。」林燕琴笑著告訴她。

縫補龜裂　知足最富

建華路上的一家美髮院裡一個顧客也沒有，慈濟志工推開大門，原本坐在角落沙發上打盹的夏女士，睡眼惺忪地站了起來問：「誰呀？」「我們是慈濟志工，送『平安』來了；中秋節快到了，我們送月餅來給您。」

看到志工的來訪，夏女士又驚又喜，她之前才幽幽地想著今年的中秋節肯定是個蒼涼寂寞的日子，她以為不會有人還掛念著災民是否有過節的心情，沒想到今年吃到的第一個月餅就是慈濟送的。

氣爆後，她的美髮院生意一落千丈，房屋也因為氣爆的強大震動而到處龜裂，她很擔心顧客對這家美髮院的建築物安全感到疑慮而不敢上門，讓生意更是雪上加霜，但她卻遲遲等不到鑑定證明，無法申請市政府的任何補助款，她既生氣卻又無奈，只能硬著頭皮找來維修師傅，然後再厚著臉皮和師傅們商量著，六萬多元的維修費用，是否可以分期付款？

「我正在為這些錢傷透腦筋，你們的幫助就像及時雨。」當她收到慈濟志工送上祝福金時，再也無法按捺激動的情緒，一股腦地向志工傾訴連日來的擔心、孤單與無助。

雖然祝福金並不能完全支付夏女士的維修費，但是已經足以讓她拿掉心中的大石，頻頻和志工說：「以後慈濟需要義剪時，一定要記得通知我喔！」當志工轉身揮手和她道別時，才發現她的牆上貼著一張「靜思語」海報，上面寫著的正是——「知足最大富，感恩最大貴，善解最大智，包容最大慧。」海報前是夏女士燦如夏陽的笑臉。

就學有望　子笑母哭

「謝謝慈濟，在這麼困難的時候送來『助學金』幫助我們……」蔡媽媽話講到一半，就哽咽地再也講不下去，身旁的女兒也跟著紅了眼眶，兒子則默默地低下了頭，志工們坐在他們家的客廳，輕聲安撫著這一家人；這場發生在暑假的氣爆，打亂了很多人的生活，造成許多家庭經濟出現狀況，蔡家就是其中一例；遇上氣爆意外，蔡媽媽的心中始終忐忑不安，但是最讓她煩惱的，其實是手中學校寄來的註冊繳費單。

「真的是不知道學費竟這麼貴，我努力湊，但是，如果湊不出來，今年考上大學的兒子可能就……」蔡媽媽搖搖頭，也搖落一串淚水，兒子今年考上私立大學物理系，註冊費五萬多元，小女兒讀高中，學費也要一萬多元，雙重的壓力讓蔡媽媽快喘不過氣來，慈濟決定送上兩個孩子的助學金，志工正要取過蔡媽媽手中的兩張註冊繳費單時，她卻說什麼也不肯讓志工拿走女兒的註冊單，她說：「慈濟已經幫助我們太多，應該還有比我們更需要的人需要幫助。」

氣爆炸毀了號稱「租車街」的凱旋三路，也炸毀了整條街的生意，吳先生一家人在凱旋三路經營汽車裝潢店，夫妻兩人雙手沾滿長年洗不掉的污漬，氣爆後完全沒有生意上門，他們卻堅持不肯辭退僱用的兩位師傅。

「我不能因為氣爆，就放棄他們。」吳太太向來訪的慈濟志工張麗卿訴說著自己的處境，講到這裡的時候，顯得非常堅強，但是當她望著手中兒子的大學註冊單，卻忍不住掉下淚來，因為她正被迫地考慮著，「可能要讓孩子放棄學業了！」吳先生則走進走出，忙著整理災難後零亂的店面，他的臉上刻劃著辛苦勞動一輩子的皺紋，看到太太掉淚，他的眉頭更加深鎖。

「妹妹還在唸書，爸爸媽媽的經濟負擔很重，我想，我不要去讀大學了。」吳太太的兒子吳旻鴻靦腆地告訴張麗卿，「不行！不行！一定要讀書。」張麗卿板起臉正色地説，吳旻鴻垂下頭，仍然稚氣的臉上還有著幾顆青春痘，卻難掩落寞和失意，「你很乖，你很貼心，爸爸、媽媽這麼辛苦，這麼努力，不也都是為了你們？」張麗卿扶起他頹喪的肩膀堅定地告訴他：「你放心，你的學費，慈濟一定會幫你處理。」一氣爆後，道路殘破，阻擋了他們一家人的經濟和生活，也差一點阻擋了一個孩子的求學路。

「其實心裡有一點想要去讀書，現在因為有慈濟的幫助，感覺好像又可以重回自己想要走的那條路。」吳旻鴻笑了，張麗卿也笑了，吳媽媽卻哭了，做父母的何嘗不心疼孩子，也怕耽誤孩子的前途，無常的發生讓大人辛苦，也委屈了孩子，卻也讓父母看到孩子的貼心和孝順。張麗卿輕輕拍著吳太太的肩膀，然後給了她一個大大的、溫暖的擁抱，告訴她：「未來的日子，我們一起努力加油！」

無常過後，老闆對員工的疼惜，孩子對父母的不捨，以及志工無私的愛，有笑有淚交織出未來的希望。

穿街走巷　不畏奔波

「喀——喀——喀——」挖土機及重機械在變成大壕溝的凱旋路裡打樁，打個不停，氣爆災區的人們不知還要忍受多久這不絕於耳的高分貝噪音，李麗卿站在窗邊往下看著那條被穿腸破肚的馬路，不禁感慨萬千地想著：「人生苦短，世事多變；今天擁有的，明天不一定存在。」

氣爆那一晚，她和先生往樓下衝，憑著直覺逃到英明路唯一一盞還亮著的路燈下，才發現路燈下也聚集了許多似曾相識的「鄰居」們。

暗夜中，消防車、救護車不斷呼嘯而過，愈來愈多的救災人員持續湧入現場，躲在路燈下的李麗卿心情七上八下，死傷災情不斷透過耳語傳來，她好想黎明趕快到來；天色漸漸光亮，她看到眼前的凱旋路被炸得滿目瘡痍。

歷經擔心受怕的一夜，她回到家裡，一打開大門便有一股熱氣撲向她，家裡沒水、沒電，同一棟大樓的住戶似乎都躲起來了，整棟大樓靜悄悄地，「大家到底去了哪裡？為什麼遇到這樣的災變，我看不到你，你也看不到我呢？」李麗卿心裡覺得納悶，雖然平時和鄰居們沒有太多的互動，災難後卻發現自己是多麼需要朋友的相互打氣和鼓勵。

來自全臺的慈濟志工，以五到六人編為一小組，從勘察、拜訪、造冊，一次又一次地走進災區每一戶人家中，住在凱旋路旁多棟相連的老舊五層樓高公寓的李麗卿家也不例外，三天兩頭就有志工前來關懷，只是這種沒有電梯，有如迷宮的老舊公寓，卻讓志工們吃足了苦頭，一不小心就很容易迷失自己的方位。

高雄當地的慈濟志工陳美娟幾天前才特地場勘所有住戶的樓層位置，但是當實際帶著隊伍挨家挨戶關懷時，還是多次迷了路，她滿頭大汗地核對手中的資料，感到萬分抱歉地和大家說：「等一下若再鑽不出來，真的就很對不起大家。」或許是餘悸猶存，短時間內根本不敢回家；也或許是工地噪音、塵土擾人，許多住戶常常不在家，志工一下子上樓，一下子下樓；有時右邊，有時又是對面。來自臺南區已經七十一歲的志工陳碧華，雙腳已經快使不出力了，卻仍然堅持跟著大家一階一階地爬上爬下，大家勸她休息一下，她說：「我要親手將祝福送到鄉親手中。」

善的效應　敦親睦鄰

柔腸寸斷的路面蓄積著骯髒的雨水，然後再滲入大樓的地下室，高溫、潮濕，讓登革熱的疫情蠢蠢欲動，「家」成了人們想要逃避的地方。慈濟志工卻一次次地造訪，也常常一次次地撲空，有時一戶人家要走上好幾趟，才能遇上主人。鄰居間開始傳述著他們親眼看到志工的辛苦和真誠，於是從事會計師的蘇小姐，主動收集住戶的資料，將每一戶的姓名、電話一一記錄，建立聯絡網，方便志工「尋人」，也方便往後彼此互相照應。

「發生氣爆後，整棟大樓比以前更沒有生氣，大家都不知去向，還好有慈濟人三番兩次前來，才把大家的心凝聚起來。」李麗卿感觸萬千。這段時間，只有慈濟志工不停走訪的足音，迴盪在空蕩蕩的大樓裡，「慈濟這麼幫助我們，我們也要自己幫助自己。」大樓的住戶決定聯手來個大掃除，這時有一家建設公司不但投入人力相挺，還負責油漆的工資費用，油漆行老闆也捐出油漆材料費。

「我們將樓梯和扶手全都重新粉刷了，這樣的動員是社區三十幾年來的第一次，好溫馨喔！」李麗卿迫不及待地和志工分享大樓的喜事；誰都沒有想到「愛的漣漪」竟然如此快速地發生，誰也都沒有料到「善的循環」，輕易地化解了人與人之間的隔閡，讓愛的能量重新浮現，住戶之間不再陌生，大樓裡住戶回來了，笑聲變多了，大家相互扶持，不再是那個在淒涼街燈下「似曾相識」的陌生人了。

上圖：臺中慈濟醫院響應慈濟基金會關懷高雄氣爆受災鄉親的「安心福富足」發放，院長簡守信帶動同仁與台中、彰化區志工趕製並包裝一萬兩千個「福富足月餅」，表達濃濃關懷與祝福。（提供／臺中慈濟醫院公傳室）

下圖：「安心福富足」結緣品內含有〈無量義經偈頌〉小冊子、「福富足妙音」、「福富足月餅」、平安吊飾。（攝影／周幸弘）

左上：慈濟志工深入災區逐戶拜訪，與鄉親溫馨擁抱，給予一分安心膚慰與祝福。（攝影／葉晉宏）

左下：「安心福富足」深入災區逐戶拜訪，並同時邀約鄉親參與8月31日於高雄靜思堂舉辦的祈福會。志工們手疊著手，齊心為鄉親加油鼓勵。（攝影／劉鳳娥）

第五篇

塵淨．福生

人間災難偏多，緊迫而來，師父常說：「來不及！來不及！」到底是「明天先到，還是無常先到？」還是要說「下一刻先到，還是無常先到？」無常甚至會比「下一刻」來得更快……救世要從救心起，藉著這次的機會，我們接觸到受災難的人，要把握因緣度化人心。

——恭錄自證嚴上人・二〇一四年八月三日開示

第一章

誠情如月

文·黃貞宜

同樣是月圓的夜晚，卻有著不同的景像；同樣的城市，有著不同的情境；同樣的人，卻有著不同的表情……時間、空間、人與人之間，三種元素因不同的交錯，有著不同的生活方式，點點滴滴都匯聚成時代的見證。

生計維艱　含辛舉步

氣爆後的第四十天，災區迎來第一個中秋夜，圓圓的明月高掛，看著輕軌鐵路把三多路分成兩個世界——那一端，從五權國小延伸到遠遠的三多商圈，燈火閃耀，遊人如舊；這一端，自國際商工步向不遠的三信家商，卻是燈火黯昧，孤影寥寥。

本該是月圓人團圓的萬戶歡聲，只剩施工圍籬上的閃閃紅燈，照著氣爆災區萬籟俱寂的無言。三多路上，一位老伯踱出家門，望著眼前的大壕溝，不知何時開始，這已成了他每天的例行公事，而他也總是例行地問著來回巡邏的員警：「這條壕溝，何時才會好？」

據高雄市政府初步統計，這場氣爆影響範圍有三平方公里，若計入必須交通改道的人們，約近三萬三千個家庭的生活受影響；其中影響最大的，是因為道路塌陷暫時無法營業，三多路、二聖路、凱旋路上都有店家的營生受到衝擊。

在三多路巷子裡經營小吃攤的楊先生，原本生意不錯，但氣爆以後，因為修路工程，衛生條件變得很差，根本無法做生意。兒子無奈地說：「氣爆後這幾天都在忙著清理，可以清除的都清除掉了，還忙不完，還要跑阿公、阿嬤那邊。」楊先生年邁的雙親被暫時安置在旅館，雖然沒有照顧方面的問題，但沒法做生意，就沒有收入，快五十歲的大男人，笑容裡有著藏不住的苦澀，「大概看看改賣早餐餬口吧！希望不要讓爸媽受苦。」一家人已打算收掉攤子，搬離這間租了三十多年的老房子，重新開始。

洪小姐在三多路開設藝坊工作室已有二十五年，前半生的積蓄及希望都寄託在這裡，但氣爆僅一瞬間，就將店裡的材料全毀了，那一瞬間後，經濟壓力壓著她喘不過氣，「如何籌錢整理工作室？怎麼還房子的貸款？嚴重自閉的弟弟誰來照顧？」一連串的問題已夠惱人，當時所目睹的災情慘狀，仍不時侵入她的腦海，彷彿救護車運送著血淋淋的死傷者，仍一個接著一個不停地從她面前穿過，千頭萬緒在腦海裡盤旋著。

在精神受創及重大經濟壓力之下，慈濟志工前來家訪，讓洪小姐有個傾訴的對象，「你們送給我的《靜思語》，有一句話『人要克服難，不要被難克服。』終究還是自己要去調適。」

洪小姐轉念了，她接受了各方的援助，仍然在三多路上開業，勇敢地活下去。

種種示苦　一一予樂

當熟悉的生活變了樣貌，鄉親的心情十分複雜，眼睛看得見的災損尚待復原，還有看不見的心情激盪，慈濟人都不能漠視不管。

一家開業數十年的瓦斯行老闆，對於氣爆造成財產的損失，帶來生命的威脅，讓他特別感到氣憤，也對不請自來的慈濟人抱持著敵意，當志工第一次來慰問，老闆說：「我需要的是實質幫助。」

志工沒有因此退卻，知道三多路沒水、沒電，從八月一日中午開始為他送熱食，一日兩餐，老闆總是用冷臉來回應慈濟人的笑臉；一天一天過去，志工的熱情始終沒有消滅，也慢慢融化了那道冷漠的心牆；當半個月過去，另一群慈濟志工來「安心關懷」，他終於打開心扉，讓慈濟人走進屋內……

因氣爆帶動的種種苦、一切辛酸，慈濟志工都用同理心面對，用感恩心付出，把一切當成「逆增上緣」，心心念念地透過各種方式，因應鄉親的各種困難，舉凡送熱食、慰問傷者及家屬、送祝福金、陪伴傾聽煩惱、代繳學費、評估災損，在在期待著，與鄉親的緣愈拉愈近，與鄉親的情愈拉愈長。

氣爆一發生，有四十一位傷者被送到高雄醫學大學附設中和紀念醫院，慈濟志工八月一日早上就趕往高醫陪伴家屬，每天還不間斷地為他們送上中餐和晚餐，持續了一整個月。八月三十一日，慈濟志工完成階段性任務，有好幾位病人的家屬說好要一起在醫院碰面，再吃一次慈濟的便當，還要一同參加當天下午在高雄靜思堂舉辦的「善解聚福緣・安心福富足」祈福會。

「如果不是有慈濟人的陪伴，如果不是有慈濟的便當，我們的身體和我們的心，都會覺得非常、非常寒冷。」員警曾國恩因氣爆造成嚴重的燒傷和骨折，受到高醫妥善的照顧，恢復情況良好，出院之際，他的父親曾福祥告訴志工：「國恩能夠恢復得這麼快，都是因為有大家給他的集氣和祝福。」當得知慈濟要在八月三十一日舉辦祈福會，曾福祥與妻子特地從屏東北上參加。

先生在三多路開診所，湯韜璨女士是大家口中所說的「先生娘（醫師夫人）」，這些日子以來，她持續吃慈濟熱食便當，想到這輩子未曾接受過這樣的愛心，她很感動，也想回饋，於是就畫了一幅《浴火重生》的畫作；當她又看到一張慈濟人走過三多路便橋送便當的照片，也把它畫下來，先生看了，加上題字：「慈濟人，三多河，送溫馨」。

湯韜璨來到靜思堂參加祈福會，也把畫作贈給慈濟人，她上臺分享：「吃了三十天的香積飯，便當裡面除了飯，更是裝了滿滿的愛心。志工們送便當的時候，連幫我家修繕的工人，也送便當給他們，這讓我感受到慈濟的大愛是沒有分別心的——只要有需要就給予，這是讓我最感動的。」

遵佛遺教　運慈導慧

八月的最後一天，高雄氣爆已屆滿一個月，當時異常洩出的氣體早已消散，噴發的怒火業已止息，然而人們心中的徬徨，卻需要一次又一次膚慰，轉化為愛的能量。

慈濟基金會在高雄靜思堂舉辦「善解聚福緣．安心福富足」祈福會，結合許亞芬歌子戲劇坊演繹佛教故事，創作《遵佛遺教》，以法入戲、以戲說法，在現代生活中以傳統戲曲，提倡正信、正念的生活態度。

透過祈福會，慈濟志工向高雄鄉親致敬，也邀請氣爆受災者，分享走過大災難的心聲。

「其實我們才是最大的受災戶！」消防隊員王永坪眼角泛著淚光，訴說著當氣爆發生半個小時後，當天沒有排班的他也趕到現場，看到平日一起出生入死的好弟兄、好長官，躺在地上動也不動，他的心好痛……

「先救活的！先救活的！」耳畔的無線電，傳來指揮官帶著悲愴頻頻催促的聲音，他的心幾乎要碎了，但也只能強忍衝動，扭頭先尋找、搶救傷者，這是他們的天職。

接下來每一天上班時，每一次想到那一夜，一個人開著車，就嚎啕大哭、大吼幾聲，明知這樣很危險，但他就是無法控制悲痛的情緒。「一想到那些人是自己從事消防工作三十年來的老戰友、好長官，那些戰友也一定知道，一往前站去，可能就會喪命，甚至是粉身碎骨……」說到這，他半晌說不出話來，臺下的鄉親，也陪著鐵漢一起落淚。

「參加祈福會，是希望那些殉職的好弟兄和好官長們，一路好走，也為受傷的弟兄們，祝福他們早日康復，未來復健之路可以走得更順利。」王永坪的祈願，也是現場所有人的心願。

高雄市陳菊市長和市政府各級官員及同仁也參與祈福會，陳市長感傷地說：「這次的氣爆，慈濟人幾乎是動用全部的人力與物力進入災區，我看到災區每個角落都有慈濟人；今天一個月過去了，還舉辦這麼盛大的祈福會。祈福，是為了膚慰災民受傷的心靈，真的感謝上人的慈悲，謝謝所有慈濟人的付出。」

星光點燈　慈悲啟善

〈祈禱〉的歌聲，似乎一直迴盪在高雄靜思堂，這是慈濟人的聲聲祈願，也是高雄鄉親的誠摯心聲。

前來參加祈福會的鄉親簡先生說：「今天第一次參與慈濟的活動，說實在，跟我以前所看到的慈濟，有很大的出入……我以前從來沒想過要去幫助別人，但是看到慈濟人所做的一切，我以後一定要跟慈濟人一樣，當別人有困難時，就馬上去幫助他，還要像慈濟人一樣，時時刻刻保持笑容。」

「自己成為受災的人，變成被幫助的對象，才體會到慈濟為我們做了這麼多事。」黃女士與先生在凱旋路上經營十年的租車行，車行在氣爆瞬間被摧毀，也更深入看到慈濟人的作為。來到靜思堂，黃女士對大門口的「大白牛車」印象十分深刻，那輛牛車上寫著慈濟四大志業「慈善」、「醫療」、「教育」、「人文」的牌子，她這才了解慈濟為眾生所做的一切，她好後悔，自己多年前就因經濟困難而停止捐款。

「我真的懂得證嚴上人說的『安心福富足』——經過這次氣爆，我真的覺得好人很多、世界很溫暖。」黃女士深有體悟地說：「是你們讓我心安了，所以我是有福的人。」

兩場祈福會結束，高雄靜思堂外，長空無雲，星光燦爛，這番氣象，誠如證嚴上人在九月四日的開示：「這一次高雄慈濟人，人人都像星光燦爛一樣，每一顆都像黑暗中的星星。這一波的高雄氣爆真的是很大，造成多少人在黑暗中不知未來，受驚受怕——好在有一顆顆星光燦爛著，讓人看到開闊的天空，總有光明的方向。」

我在高雄不知道說了幾次「忍痛教育」，這次高雄氣爆的經驗，就是最切身的「忍痛教育」，讓我們真正地體會到「瞬間無常」，所以人人應該「合和互協」——合心、和氣、互愛、協力。

如果沒有這次事件，大家怎麼有機會練到互相配合、合心；什麼是「練心」？什麼是「練功夫」？功夫是練出來的，心是磨出來的，修行，就是將人人的心「合和互協」。

——恭錄自證嚴上人・二〇一四年八月十一日~十二日開示

第二章

精進覺行

文・陳慶瑞、黃貞宜、陳汝津、羅世明

危機就是轉機，一個困境，就是一項挑戰，也是一種自我成長的契機。投入高雄氣爆關懷迄今，很多慈濟志工都不約而同地說，這次賑災，其實收穫最多的是自己。

從無常中取法，在實境中行經，經由這次的災難體悟，自我成長的契機，已然在志工的身上，逐漸發酵、綿延與開展……

無常示現 即時伸援

從第一聲的氣爆開始，藍天白雲的身影就因為地緣因素，而出現於災難現場——送水、膚慰、關懷，甚至記錄第一現場的實況。漫漫長夜，綿綿親情，從個人到團隊，從摸索前進到組織運作，慈濟人在證嚴上人的關懷指示中，逐步釐清迷霧，邁向正軌，這樣曲折的歷程，為高雄的慈濟人，上了人生最寶貴的一課……

七月三十一日深夜，前鎮慈濟志工黃坤維，接到和氣組長余淑霞的通知，前往疑似瓦斯漏氣的現場，為值勤警消人員致送四箱礦泉水。沒想到他離開五分鐘後，突然「砰」一聲巨響，「我感到後面有一股很強的力道推了我一下，大家都趕快躲進小北百貨裡面。」但許多當時在場的消防弟兄和前竹東里里長陳進發，卻再也見不到人了。

氣爆發生後，住家距離三多路氣爆區約五十公尺的慈濟志工柯德清，一接到任務，便前往高雄國軍總醫院關懷傷患。他和其他慈濟志工徹夜未眠，陪伴急診室外著急的傷患家屬，或是為已經往生的罹難者助念。

剛從澎湖空難現場返家的李琇釧，十餘年來，在高雄郵局做信件分發的工作，這天她要上深夜十二點至清晨八點的大夜班。一如往常，當她正準備出門上班時，聽聞住家附近發生重大氣爆意外，她趕緊向主管請假，換上慈濟志工制服，趕往區內醫院關懷傷患。

與李琇釧同住在高雄市苓雅區的劉丹莉，晚上十一點五十五分，在家裡聽到兩次巨響。根據過往訪視經驗，她知道這件事非同小可，肯定會有人受傷，於是下樓察看。看到居民茫然聚集，她請大家不要圍觀，同時也幫忙指揮交通。之後，一路趕往高雄國軍總醫院關懷傷患，同時也不忘緊急通知其他志工投入關懷。

家住前鎮區的人文真善美錄影志工顏東亮，聽到爆炸聲響後，基於專業的敏感度，立即拿起攝影器材前往災區拍攝。清晨再度與志工前往災區附近，利用遙控飛機空拍現場情況。這些災難的真實紀錄，成為大愛新聞的第一手資料。

扶苦救難　連點成線

第一時間，慈濟人總是「聞聲救苦」，雖是個別行動，卻有著一致的人文，總令人感覺慈濟動員之快速，真不可思議！其實，慈濟人非動員而來，只是一直行動著，而行動需要協調，才能以更好的效率，隨時提供鄉親最即時的援助與關懷。

凌晨，天還未亮透，慈濟志工林忠賢已通知正在聆聽上人晨語開示的高雄資深志工杜俊元。杜俊元認為此次氣爆事件極為重大，迅速在早上七點於高雄靜思堂召開會議，邀請高雄三十九區的組隊長參加，成立高雄「合心防災協調中心」。

證嚴上人在視訊連線時，一再叮嚀高雄團隊：「讓我最關心的是『人』，馬上就想要知道『人』平安嗎？我們可以盡心力去付出，但是一定要顧好人人的平安與健康，這就是我最大的期待。」

往後，高雄「合心防災協調中心」，每天與花蓮本會的總指揮中心連線，一邊救災，一邊整隊，在不斷折衝之中，社區與協調中心終於取得一致的行動。自願承擔後勤工作的方上榮，回想起剛開始救災時，大家都各忙各的，人力無法整合，直到建立起氣爆援助團隊的功能架構，才讓組織運作逐漸順暢。

從做中學　經驗取法

隸屬於前鎮二和氣組的張玉環回憶說，經歷這次事件，體會到天下一家親，四面八方菩薩湧現。「上人曾說，一個人會做不怎麼樣，但是多人一起做，成效就出來了。」她記得，「氣爆現場當區的工作很多，剛開始那兩天，內心真的很緊張，還好有杜俊元、林景猷師兄，以及協調中心團隊，做我們的依靠，並常常叮嚀我們心胸要開敞，接納和多邀約組員一起來付出。」

張玉環表示，氣爆剛發生時，高雄合心組隊顏美鳳要他們成立行政團隊，把久未露面的法親，藉此因緣邀約出來，再邀約大愛媽媽和教聯會的志工，協助以電腦建立及整理資料。志工溫玉香也邀約慈青，幫忙使用電腦規劃家訪動線。大家邊做邊整隊，當看到法親們和物資都淋濕時，內心很不捨，但卻充滿著更深的感動！

所謂「做中學，學中覺」，大家從做當中累積經驗，如家訪動線，第一次安排時是用市區鄉里路巷的平面圖，因為不清楚是大樓、公寓或是透天厝，走訪完收到資料後，才知道安排不妥；第二次再以電腦新軟體安排動線，只要點上門牌號碼，立即顯示是公寓或大樓……

志工王秀純表示，她來自災區，但不是災民，她和顏美鳳是合心防災協調中心的人力支援組窗口。「氣爆發生時，也不知道哪裡是安全的？當時看到英義街一片火光，要撤離到文化中心也要半小時，所以便就近走到英明公園。隔天在路上看到民營公車在門邊打上「高雄加油」的字樣，內心很受感動，鄉親都站在一起了！」

王秀純說，此時鄉親內心是很敏感的，只要有一點點的關愛都感受得到，同樣地也會感受到反向負面的事情。回到社區後她體會到，受到驚嚇的不只是鄉親，慈濟志工們也是。所以當區組隊立即進行法親關懷，藉由聯誼方式，讓每一個人把內心的驚嚇說出來。

北區志工張茂星，曾居住過高雄，回想起年輕時的糊塗人生，並沒有因那場在凱旋路的車禍而悔改，還好在加入慈濟後，他不但脫胎換骨找回人生價值，也以身為慈濟人為榮。他有感而發地表示，「在付出的同時，收穫最多的還是自己。」當他與北區志工們專程南下支援，從左營高鐵站走出來時，看到一長排慈濟人列隊歡迎的情景，內心頓時感動莫名。他很感恩加入慈濟，能夠在這個團體之中，成長自己的慧命。

自淨覺醒　使命傳承

八月一日甫從教職退休的左營三和氣隊長方上榮，心有所感地表示，遇到急難的事情一定要「冷靜」應對，不要一窩蜂去做。他看到很多慈濟志工，全心全力投入，無怨無悔付出，即使身體出狀況，心心念念仍在受災鄉親。大家知道後，便互相膚慰關懷，讓他看到人性美善的一面。

「跟著上人的法，做就對了。」方上榮說，「方法可以調整，畢竟大家都是為受災鄉親好。之前彼此還會分本區、外區，但當我站在講臺上，看到全場的目光都流露出趕快有工作去做時，當下我感受到在慈濟裡，大家真的是一家人，只要有需要，人人都願意當不請之師。」

慈濟志工方漢武是實業家，他深刻感受到「默契來自於長期陪伴的信任」，「當慈濟人在災區遇見鄉親，慈濟人只要合掌，鄉親也會跟著合掌回應『阿彌陀佛！』」第一次學習當協調人員的方漢武，每天為了讓志工能夠順利上車抵達災區，遊覽車數量、每個集結點定點志工需求、確認協調動線、協調伴手禮能否順利送達等，都需要親自參與。

慈濟志工李秋月，是慈濟教聯會老師，她堅定地表示：「這次事件，絕對是修行，而不僅是在做事。」因為這次氣爆事件的發生，很多事情必須及時完成，每個人也必須「收斂起自己本來的習氣」。她說，「災民們看不到上人，但是由弟子的氣質，可以看到上人對弟子的教化。氣質放中間，才能感動鄉親！」

李秋月說，這次氣爆事件，看到志工的軟實力再次被激發，體會到眾志成城的可貴，特別是全臺各區慈濟志工一起加入，有激勵高雄當地慈濟志工的作用。

忍痛教育　成長契機

高雄資深志工杜俊元，陪著志工們走過一整個月，對援助氣爆受災鄉親的工作，別有一番深沉的體會。

「現在回想，一開始進度、速度不夠快！」儘管已是德高望重的長者，杜俊元嚴以律己，他說：「雖然知道是重大災難，但要到八月三日，六位精舍師父來到高雄，我才覺醒到這件事在慈濟非常、非常重要，上人要藉這一大事因緣，帶領慈濟人將愛心祝福傳達到高雄地區。」

才剛加快腳步，八月六日第二波的「震撼教育」又接踵而至，上人讓花蓮總指揮中心的重要主管幹部，如文發處主任何日生及宗教處主任謝景貴、副主任王運敬、組長葉秉倫等人，輪流南下與高雄團隊協力運作，加強本會對高雄的支援力度。

「這下我們還不努力跟上就麻煩了！」談到這裡，杜俊元為自己初期的決心不夠，以及高雄團隊的應變不足而感到慚愧。杜俊元深知，慈濟是一條平等觀的菩薩道，對於上人的教誨，每位弟子能奉行多少，無關能力高低，全在一念至誠。因此，他在八月十五日下午與花蓮連線時，當著六百多位來自全臺的慈濟志工面前，虔誠懺悔、經驗分享：「莫讓合心組隊或功能窗口做事不正確，或未及時反映、跟進，當會務受阻，最終將為自己和本會帶來困擾。」

這次高雄合心防災協調中心，除了協調組杜俊元、林景猷、江淑清三位資深幹部外，也設了副協調組，讓方上榮、李秋月、方漢武從實際運作中吸取經驗。自覺已上了年紀，杜俊元微微一笑，「現代科技進步，沒有年輕人加入不行，中生代、新生代應該要參與進來了！」

此次氣爆「安心關懷」行動，杜俊元原以為鄉親會因為志工多次的到訪而不耐，但是當他親身走入災區時，才發現鄉親非常歡迎慈濟人。這其實是慈濟人以誠以情相待的結果，也是因為慈濟志工不分你我，眾志成城才能達成。

「如果不是上人的慈悲，這次高雄氣爆的救援格局、內涵及範圍，都不可能達到這麼廣闊且深入。」杜俊元如是說。

八月三十一日在高雄靜思堂連續舉辦兩場祈福會，此時高雄氣爆發生已屆滿月。滿月後不是工作的結束，而是另一個階段的開始，慈濟高雄分會三十九個和氣組隊的志工，已共識要共同承擔後續的長期關懷工作，讓慈濟人這分誠與情，持續陪伴著鄉親，使其安心，也使高雄能恆持這分福富足。

上圖：高雄市在7月31日發生嚴重氣爆意外後，慈濟展開急難救助，志工連夜將香積飯、福慧床等物資，運抵高雄靜思堂。（攝影／陳亞屏）
左上：慈濟志工動員進行生活包等物資打包工作，來自各地善心人士湧入高雄靜思堂，齊心合力為受災鄉親盡分心力。（攝影／周幸弘）
左下：氣爆以來，許多人都希望出一分力，慈青們前來協助將關懷資料表裝袋，是第一線訪視志工的後盾。（攝影／林晉成）

高雄氣爆事件屆滿一個月，高雄靜思堂舉辦祈福會，音樂人李壽全、歌手殷正洋與慈濟志工共同呈現《愛灑人間》歌曲，安撫人心。（攝影／周幸弘）

附錄一

高雄石化氣爆事件　慈濟關懷大事紀

二〇一四年

七月三十一日

● 高雄市前鎮區、苓雅區晚間發生疑似石化氣體洩漏，高雄慈濟志工黃坤維等即送水關懷在旁監測的消防人員。深夜，凱旋三路、二聖路、三多一路一帶發生多起爆炸，整起事件共造成三十二人往生、三百多人受傷。

八月一日

● 高雄慈濟志工於零時展開關懷行動，上百人分別前往醫院關懷傷者，以及為救難人員送熱食，並至殯儀館為罹難者助念。慈濟高雄分會於上午七時，在靜思堂成立「合心防災協調中心」。

● 慈濟基金會花蓮本會於上午七時，在靜思精舍成立「高雄氣爆事件總指揮中心」，與慈濟高雄分會「合心防災協調中心」連線，協助人力、物資調度。證嚴上人除了不捨氣爆造成的傷害，同時叮囑前往關懷的慈濟志工務必以平安為原則。

● 高雄慈濟志工於高雄市光華國中、樂群國小、中正高工及三信家商等十個地點設立服務點，為救難人員及被安置的居民服務，慈濟人醫會也於光華國中設立醫療服務站，下午則移至中正高工。全臺調度三百一十九組福慧床及香積飯等物資至高雄，提供救災使用。

八月二日

● 高雄慈濟志工持續至醫院、殯儀館慰問傷者及罹難者家屬，並致贈證嚴上人慰問信與傷亡慰問金，至二十二日共發放一百二十八戶。因應災區水電、天然氣等公用設施損壞，亦鼓勵居民齋戒，志工為居民與救難人員提供熱食、茶水等物資，持續供應至三十一日。

● 臺北、臺中及大林慈濟醫院由各院院長帶領醫護人員前往高雄，結合高雄慈濟人醫會團隊，為居民與救難人員提供醫療服務，並隨志工進入災區關懷居民。

八月三日

● 慈濟基金會於高雄市中正高工舉辦首場「戒慎虔誠弭災難」祈福會，由花蓮靜思精舍六位師父與慈濟志工帶領鄉親祈禱，共聚善念，安定人心。

八月四日 ●靜思精舍六位師父四至七日與慈濟志工分別至高雄各醫院、警消單位及殯儀館等地，慰問傷者、救難人員與罹難者家屬，致贈佛珠等結緣品，送上祝福。

八月五日 ●慈濟基金會於高雄市福康國小舉行第二場「戒慎虔誠弭災難」祈福會，由花蓮靜思精舍師父恭讀證嚴上人祝福信，表達對罹難者的不捨與祝福，並向警察、消防等救難人員致意。

八月六日 ●慈濟志工全面動員，啟動「人人慈善・安心關懷」行動，逐戶進行訪視關懷，並致贈祝福禮。至十五日止，共走訪三十五個里、一萬八千六百三十二戶。

八月八日 ●全臺慈濟志工馳援「人人慈善・安心關懷」行動，八至十五日分兩梯次抵達高雄，參與家訪。其間，八日原預定訪視瑞祥里、瑞隆里，因凱旋路傳出氣體外洩，救難人員及居民緊急撤離，關懷行動臨時取消。

八月十二日 ●五百位慈濟志工前往高雄巨蛋體育館，出席由行政院及國際佛光會中華總會主辦的「全國宗教界追思祈福大會」，與各宗教團體一同追悼復興航空澎湖空難、高雄氣爆的罹難者，並為社會祈福。

八月十三日

● 「人人慈善・安心關懷」行動第八天，慈濟志工由氣爆地點的外圍區域，逐步進入三多路、凱旋路、一心路等重災區，除表達關懷之意，並逐戶評估房屋修復、家庭經濟、學費補助與醫療協助等需求。

八月十六日

● 慈濟志工十六至二十六日再度於三多路、凱旋路及一心路等重災區，針對之前未訪或初訪時未遇的受災戶進行家訪。此外，因開學在即，志工也為有學費補助需求者，提供助學金，讓學生能順利註冊。

● 花蓮慈濟醫院取消二十八周年院慶活動，由院長高瑞和帶領花蓮、玉里慈院醫護人員共二十七人，前往高雄氣爆災區，關懷受災居民。

八月十七日

● 高雄氣爆意外第十七天，慈濟基金會於英明國中舉行第三場「戒慎虔誠弭災難」祈福會，約有三百八十位居民及一百位慈濟志工參與。

八月二十五日

● 慈濟設計以音樂播放器存放〈無量義經偈頌〉五首曲目、〈祈禱〉、〈愛與關懷〉及兩段證嚴上人開示，幫助鄉親安定心神，上人命名為「福富足妙音」。「福富足妙音（音樂播放器）」相關零組件於二十五至二十七日分批送達桃園靜思堂，由桃園慈濟志工進行組裝、測試及包裝，共計完成三千份。

八月二十六日●臺中慈濟醫院職工與臺中、彰化慈濟志工於二十六、二十七日製作一萬二千個「福富足月餅」。

八月二十八日●高雄氣爆災區「安心福富足」家訪行動於二十八至三十日進行，慈濟志工逐戶致贈「福富足妙音」與「福富足月餅」，期盼鄉親能安住身心，早日重建家園；並為房屋毀損的受災戶，送上屋損祝福金。

八月三十一日●慈濟基金會於高雄靜思堂舉辦兩場「善解聚福緣‧安心福富足」祈福會，邀請許亞芬歌子戲劇坊演繹《遵佛遺教》佛教故事，以戲劇帶領民眾親近佛法，並透過人人虔誠祈禱，祈願社會祥和、天下無災難。慈濟對高雄石化氣爆事件的急難援助，至此告一段落。於家訪過程中發現需後續援助個案，則由高雄慈濟志工進行中長期關懷。

附錄二

高雄石化氣爆事故　慈濟關懷行動總彙整

◎資料日期：2014年9月22日

一、安心安身急難救助

．先後於災區周邊設立十個服務站：五權國小、英明國中、光華國中、樂群國小、三信家商、市立殯儀館、二聖路二三六號、瑞隆路六一七號及高雄文化中心、中正高工。

．提供三百一十九張淨斯福慧床中正高工。

．於中正高工及五權國小設置醫護站，關懷救災人員及鄉親志工的健康。總計八月二日至三十一天，共動員醫護志工四百二十七人次。

．氣爆後，社區志工隨即啟動，前往十二所醫療院所關懷傷者、陪伴家屬，並持續送餐關懷：國軍總醫院、阮綜合醫院、民生醫院、大同醫院、聖功醫院、高雄醫學院、榮民總醫院、海軍總醫院、長庚醫院、聯合醫院、義大醫院、大東醫院。

．發送往生者慰問金二十八戶（部分往生家庭婉拒未收），致贈輕重傷者祝福金一百戶。

二、「人人慈善．安心關懷」家訪行動

．走訪範圍以苓雅區、前鎮區鄰里為主，共三十五里：

苓雅區（十七里）：福海里、福隆里、福康里、福人里、福地里、林靖里、福西里、福東里、福祥里、福居里、朝陽里、林榮里、英明里、林興里、林華里、林貴里、光華里

前鎮區（十八里）：竹南里、竹東里、復國里、竹中里、竹西里、竹北里、竹內里、瑞竹里、瑞隆里、瑞東里、瑞祥里、瑞豐里、瑞文里、瑞北里、瑞西里、瑞崗里、瑞誠里、瑞興里

．家訪時間自八月六日至十五日，全臺慈濟志工走訪一萬八千六百三十二戶，實際關懷九千六百九十八戶，送出九千四百七十三份「安心祝福禮」。

三、「安心福富足」關懷行動

· 自八月二十八日至八月三十日，全臺慈濟志工拜訪二千七百餘戶，致贈鄉親「福富足妙音」二千四百六十三個、「福富足月餅」六千個。

· 針對遭受屋損的民眾，分輕、中、重等級，並以民眾災後經濟條件發放屋損祝福金，總計發放六百二十三戶。

四、熱食供應

· 氣爆後，立即提供熱食予警消、氣爆災區周遭居民；後續因災區停水、停電等因素，持續為鄉親供餐，同時送餐到各醫療院所給傷患及家屬，總計持續三十一日，送出熱食八萬零三十四份。

五、助學與長期關懷

· 自八月六日起，慈濟志工全面走訪災區及周邊鄰里，發現須助學之個案，志工持註冊單為案家繳付學費，並將收據交給案家，確保繳費完成。總共幫助一百五十九位學子。

・志工透過家訪，發現需關懷個案七百三十三件（含助學個案）。將由全高雄慈濟志工進行中長期之陪伴、關懷。

六、祈福會安定心靈

・八月三日，慈濟志工於中正高工首度為災區鄉親舉辦「戒慎虔誠弭災難」祈福會，由靜思精舍六位師父（德晉師父、德愷師父、德倪師父、德佩師父、德寧師父、德勷師父）與慈濟志工帶領鄉親祈禱，共聚善念，安定人心。共有一千三百人參與。

・八月五日，志工於福康國小舉辦第二場「戒慎虔誠弭災難」祈福會，共有七百人參與。慈濟人除了表達對高雄氣爆意外罹難者不捨與祝福，並向搶救生命的警察、消防人員致上最高敬意，希望為惶惶不安的人心，帶來安定的力量。

・八月十七日，第三場「戒慎虔誠弭災難」祈福會於光明國中舉辦，四百八十位鄉親參與。

・八月三十一日下午及晚上，高雄靜思堂共舉辦兩場「善解聚福緣，安心福富足」

祈福會，由許亞芬歌子戲劇坊演繹《遵佛遺教》佛教故事，以戲劇帶領民眾親近佛法，並透過莊嚴氛圍，引導人人虔誠祈禱。兩場共有一萬一千九百九十一人與會。

七、志工動員

．自八月一日起，以高雄慈濟志工為主，全臺慈濟志工共投入四萬三千零八十四人次，進行安心、安身、安生、安學等各項工作。

附錄三

證嚴上人致鄉親慰問信函

敬愛的鄉親們：大家好！

世間無常，國土危脆；二十三日才發生復興航空澎湖空難，救援工作才告一段落，慈濟人的關懷尚未停歇。而七月三十一日深夜，高雄卻驚傳氣爆事故，造成二十多人往生、二百八十多人受傷、數條街道嚴重毀損，不少房屋受到波及，面對瞬間無常的意外，證嚴深感震撼與悲慟。

氣爆發生之前，聽聞已傳出瓦斯氣味，警消人員趕到現場處理，封鎖警戒，身在最危險的地方，期望盡力避免事故與傷亡。然而，氣爆隨即接續而起，令人措手不及，第一線警消人員首當其衝，造成多人罹難與受傷，證嚴萬分不捨，也為他們堅守崗位，不顧己身，守護鄉親生命安全的精神，甚是敬佩。

氣爆發生至今，感恩警察、消防人員、國軍與民間搜救隊等，連日來，不眠不休投入，積極搶救生命，也盡心想讓社區早日恢復生機與寧靜，大家都辛苦了！連日來，也看到媒體報導社區民眾、機關單位、醫療院所、宗教與志工團體等，互助馳援的感人事蹟。無常的災難，唯有人間大愛能共度危難；人人以祥和的心，才能調和人生苦難。

事故發生至今，感恩高雄地區的慈濟人，秉持「人傷我痛，人苦我悲」的佛陀本懷，全面動員人力，聞聲救苦隨處現。事發當晚十二點，慈濟人分數條路線前往事故現場、醫院等，以視如己親的愛，呵護著每一個慌亂悲痛的身心。慈濟人徹夜守候，不斷奉上熱食、茶水，關懷救難人員等。自第一時間啟動大愛關懷網後，寸步不離的守護著傷者、罹難者家屬及被撤離的鄉親。

看到慈濟人以誠以情，用心膚慰關懷，為救難者、受傷者及暫時撤離的鄉親們，一一送上熱騰騰餐盒、湯品與茶水等；對往生者不捨之心，慈濟人至殯儀館陪伴哀傷的親人，給予溫暖的依靠；前往醫院膚慰焦急無助的家人，醫護志業與人醫團隊也進駐收容中心，以人本精神、愛的醫療，守護生命守護健康。更貼心提供可移動折疊的福慧床，讓救難人員與暫時撤離的鄉親，有舒適的休息空間。氣爆發生至今，已動員逾七千人次、提供逾兩萬五千份熱食、慰問祝福金的發放持續進行。

信心是良方：諸位鄉親遭此突發的重大事故，身心難免受到創傷，但只要懷抱堅定的信心，在無數愛心的護持與祝福下，社區定能早日恢復生機，家家戶戶恢復往昔祥和幸福的生活。慈濟人也會以「走在最前，陪伴至最後」的精神，膚慰陪伴每一個受創的身心。

證嚴無法親臨致意，心與大家同在，虔誠祝福人人平安吉祥。靜思精舍出家眾將帶領全球慈濟人以至誠的心祈福，祝禱罹難者自在靈安、傷者早日康復，房屋受損者早日重整家園，撫平受驚嚇者的身心。更盼望人人化憂懼為祝福，化創傷為大愛，彼此勉勵，相互扶持，祈願天下無災無難。

台灣佛教慈濟基金會　釋證嚴
二〇一四年八月六日

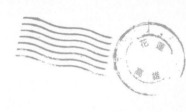

附錄四

證嚴上人致慈濟志工感恩函

敬致諸位慈濟仁者：

歲時已近中秋佳節，謹向諸位仁者祝福平安吉祥！

近來全球人禍偏多，烏克蘭與敘利亞的內憂外患、加薩走廊的戰事綿延，無辜百姓家破人亡，苦不堪言！人禍未平，無常也總在瞬息間發生，七月十七日馬來西亞航機於烏克蘭墜毀、七月二十三日台灣復興航空班機於澎湖民宅間失事；不到一天，阿爾及利亞航空客機也傳出墜毀於西非馬利共和國境內。這三起空難意外，造成了四百多個家庭的破碎，天人永隔，悲慟難平。

地緣之故，高雄慈濟人主動前往澎湖協助空難事件之勘災、關懷與發放，分享經驗與實務傳承。忙碌的身影尚未稍歇，七月三十一日深夜，同樣地一聲巨響，高雄市發生嚴重的氣爆。爆裂聲劃破夜空，震醒了熟睡的人們，三多一路、三多二路、凱旋三路、一心一路等重要幹道被炸成壕溝，造成警消與民眾共三十一人往生、三百多人受傷之嚴重意外。八月一日凌晨十二點多，高雄市苓雅區、前鎮區、左營區慈濟人接獲訊息，分別就近往各醫院關懷傷患、助念、準備飲水與早餐熱食。上午七點鐘，啟動合心防災協調機制，以大高雄區整體動員支援救災工作，在各安置中心設站提供物資與陪伴關懷之服務。八月二日，台北、台中、大林慈濟醫院三院院長也率領醫護團隊，主動南下關心。高雄人醫會也開始在安置中心設站，守護在場人員的健康。各地慈濟菩薩不分你我，那樣的第一時間立即動員，互相關心打氣，以誠以情膚慰陪伴鄉親的菩薩心懷，令證嚴深深感動。而後將近一個月時間，每天輪班關懷傷患，為其鼓勵打氣，陪伴接送家屬，紓解心理憂慮。讓家屬獲得依靠與信心。而當家家戶戶停水、停電、沒瓦斯，甚至有瓦斯也不敢開啟，慈濟人了解鄉親生活之不便，也為鼓勵茹素齋戒，挨家挨戶送熱食，話家常，一個月期間提供逾八萬份，即使磨破了腳皮，甚或三十層樓高，也一步步、一階階，拾級而上，難行能行，堪稱為菩薩行者的典範。

不僅道路、家屋、身體受損，在心理上受到驚嚇、惶恐難安、夜不成眠的鄉親更是眾多。感恩全省慈濟人秉持【慈悲等觀、人人協力】之精神，主動發心投入災區關懷。八月六日至十五日，逾一萬三千人次，在大雨中、烈日下，步步艱辛地走訪了三十五個里，一萬八千多個家庭，傾聽鄉親心裡的苦，膚慰受創的心。當中聽到鄉親說出「爆炸聲不可怕，哀嚎聲才可怕」，令證嚴深感震撼與心疼。感恩大陸深圳廠商，緊急趕工製作【福富足妙音】，桃園慈濟人接力組裝、運送，以及台中慈院全體同仁與中彰區慈濟菩薩協力製作【福富足月餅】，為鄉親送上一份溫暖與安定心神的力量。八月二十八日至三十日，四大志業體主管、同仁，與全省北中南東會合而來的慈濟人再次合和互協，為鄉親送上屋損的祝福金，也以【安心福富足】祈祝鄉親心安即有福且富，透過〈無量義經偈頌〉分享人生道理，啟發歡喜菩薩行。

而前後共五場次的祈福會，感恩高雄慈濟人與人文志業策畫團隊用心規劃，許亞芬歌子戲團用心演繹，呈現導佛遺教，讓會眾在莊嚴的氣氛中，體會佛法，心地淨化，匯聚善念，虔誠祈禱。

世間無常，國土危脆，地球環境已如三界火宅，諸苦熾盛，天災人禍，交相逼迫。證嚴常言來不及，實乃眾生不明道理，煩惱纏縛，顛倒亂想，求不得出。儘管慈濟菩薩們戮力於淨化人心，祥和社會，在大環境之洪流中，仍感力量單薄，需要加緊腳步把握因緣，走入每個家庭，灑播愛與善的種子，啟發人人本具的佛性。以菩薩覺有情之一念清淨，穩步力行於人間。菩薩所緣，緣普天下眾生，衷心期盼諸位菩薩仁者，人人戒慎虔誠，慈悲等觀，用心精進於靜思法脈之義理，實踐力行入人群，人人以四弘誓願自勉：「眾生無邊誓願度，煩惱無盡誓願斷，法門無量誓願學，佛道無上誓願成」。提起一份為法度眾的信心、毅力與勇氣，帶動民眾發善心、立善願，共同齋戒護生，化解惡緣消弭災難。多一分善念即減少一分惡念，多一分祥和即消弭一分暴戾之氣，共同達成淨化人心、祥和社會，天下無災難之願。

虔誠感恩與祝福諸位仁者

人人時時精進，日日法喜，福慧雙修。

台灣佛教慈濟基金會　釋證嚴

二〇一四年九月二日

編按：高雄石化氣爆共造成三十二人不幸往生，證嚴上人致此感恩函時，公告往生者尚為三十一人。

感恩有您　記錄人間美善

感恩全臺人文真善美志工投入時間與心力，記錄了慈濟人援助高雄石化氣爆的點點滴滴，每一個故事、每一段歷程，都是慈濟大經藏的珍貴史料，同時也是這一本書的成書基礎。於此感恩以下文字志工。

（依姓名筆畫順序）

王月秀、王沈香、王芳如、王宗芳、王明炘、王律晴、王美珠、王凰美、王惠英、王燕美、王瀅琇、王曉淇、甘曉瑩、古繼紅、朱文姣、朱志剛、朱淑珍、高宜勤、江玲玲、池俊賢、池爾杰、李小珍、李秀裡、李念純、李佳靜、李昭瑢、李韋漢、李冠慶、李素霞、李淑茹、李琳、李嘉茹、李德美、李錦如、李麗香、吳士鐘、吳怡萱、吳英輝、吳美姿、吳美貞、吳美參、吳惠富、汪明源、何幸蕙、何美味、何淑麗、邱芹珍、邱碧霞、沈瑛芳、呂媛菁、周小媜、林乳如、林昱伶、林芳雪、林俊良、林俊穎、林佳穎、林美含、林素燦、林清雄、林琬芬、

林景城、林湋峰、林徽瓊、林麗娟、林寶華、胡玉蘭、胡春玲、胡媛甄、施金
魚、施純純、紀秀妙、洪珊珍、洪淑真、洪富卿、洪瑞珍、洪嘉霙、陳一弼、陳
心惠、陳乃榕、陳英玉、陳珍慧、陳美丰、陳美珠、陳美蓮、陳珮瀅、陳梅花、
陳淑芬、陳淑音、陳詠芯、陳順涼、陳銀台、陳璐雲、陳瓊玉、陳嫵如、陳麗
英、郭正民、郭巧珠、郭庭聿、郭素霞、郭瑞錦、郭綵娥、涂羿玟、高美麗、凌
瑄憶、徐慜容、徐湘蓮、孫麗蓮、康子鴻、張玉梅、張貴珠、許秀美、許秀鳳、
莊淑惠、章碧雲、黃金英、黃明珠、黃秋玉、黃美玲、黃淑真、黃靖惠、黃靜
蘭、曾彥儒、曾麗真、楊玉玲、楊桂鳳、楊美燁、楊淑芬、楊慧盈、楊麗真、葉
秀戀、詹明珠、詹佳鈴、溫寶琴、廖秀敏、廖翊君、趙阿妹、趙淑娟、鄭素月、
鄭麗美、歐如意、歐貞禎、蔡秀宏、蔡佳育、蔡素秋、蔡美惠、蔡芬蘭、蔡清
源、蔡惠玲、蔡鳳琴、蔡麗琴、劉見生、劉秋伶、劉美鳳、劉雪珠、劉對、劉湘
蘋、劉絹紋、劉黎緣、魯金燕、潘俞臻、潘瑜華、盧素娥、賴美惠、謝玉如、謝
秀完、謝吟淑、謝銀雅、謝馨慧、薛燕春、簡妤蓁、簡俐真、簡淑敏、顏玟榛、
譚美娥、嚴水里、蘇羿卉、蘇湘允

國家圖書館出版品預行編目資料

至誠致福 —— 氣爆驚港都 安心福富足 /廖右先、陳慶瑞等著.
-- 初版. -- 臺北市：經典雜誌，慈濟傳播人文志業基金會，2014.11
312面；15 x 21公分
ISBN：978-986-6292-57-6（平裝）
1.賑災 2.災難救助 3.高雄市
548.319 103023647

至誠致福 —— 氣爆驚港都 安心福富足

作　　者／李貞蘭、李素月、吳明勳、吳碧珠、沈昱儀、林如萍、思　詠、林淑懷
胡青青、陳汝津、陳慶瑞、涂賢照、涂鳳美、莊玉美、莊雅晴、張晶玫
許淑椒、黃貞宜、葉灑瀛、廖右先、廖耀鈴、賴睿伶、鍾文英、謝華美
羅克洲、羅世明、蘇慧智（依姓名筆畫排列）
發 行 人／王端正
總 編 輯／王志宏
叢書編輯／朱致賢
美術指導／邱金俊
美術編輯／蔡雅君
圖片編輯／黃世澤
總 策 劃／何日生（慈濟基金會人文志業發展處）
企　　劃／賴睿伶、廖右先（慈濟基金會人文志業發展處）
編　　輯／賴睿伶、羅世明、黃基淦、陳宜淨、沈昱儀、吳瑞祥、廖右先
（慈濟基金會人文志業發展處）
志工協力／林淑娥、涂賢照、廖耀玲、謝華美、黃貞宜（高雄人文真善美志工）
封面設計／陳誼蓁（慈濟基金會人文志業發展處）
圖像編輯／黃玉慈（慈濟基金會人文志業發展處）
圖卡製作／王藝君、高芳英（慈濟基金會人文志業發展處）
出 版 者／經典雜誌．財團法人慈濟傳播人文志業基金會
地　　址／台北市北投區立德路二號
電　　話／（02）2898-9991
劃撥帳號／19924552
戶　　名／經典雜誌
製版印刷／禹利電子分色有限公司
經 銷 商／聯合發行股份有限公司
地　　址／新北市新店區寶橋路235巷6弄6號2樓
電　　話／（02）2917-8022
出版日期／2014年11月初版一刷
定　　價／新台幣310元

ISBN 978-986-6292-57-6
Printed in Taiwan